당신도 불통이다

우리의 마음은 어떻게 소통을 방해하는가?

당신도 불통이다

발 행 일   2019년 12월 20일 초판 2쇄

지 은 이   손 정
발 행 인   이동선
편   집   노지호, 이지은, 박우현
마 케 팅   김정화
디 자 인   유노스튜디오
발 행 처   한국표준협회미디어
출판등록   2004년 12월 23일(제2009-26호)
주   소   서울특별시 금천구 가산디지털1로 145, 에이스하이엔드 3차 1107호
전   화   02-2624-0361
팩   스   02-2624-0369
홈 페 이 지   www.ksamedia.co.kr

ISBN 979-11-6010-034-1 03300

값 15,000원

당신도 불통이다

우리의 마음은 어떻게 소통을 방해하는가?

작가의 말

1957년에 만들어진 시드니 루멧Sidney Lumet 감독의 영화 〈열두 명의 성난 사람들12 Angry Men〉은 아버지를 살해한 것으로 의심받는 18세 소년의 재판 과정을 다룬 영화이다. 6일간의 사건 심리 후 열두 명의 배심원들은 배심원실에서 토론을 거친 다음 유무죄에 대한 의견을 만장일치로 결정해서 재판관에게 전달해야 한다.

영화는 1시간 36분 내내 배심원실에서 이루어지는 토론 과정을 집중적으로 그린다. 자칫 영화 소개만 봐서는 지루할 것 같은 이 흑백 영화는 끝날 때까지 한시도 화면에서 눈을 떼지 못하게 한다. 칸 영화제Festival de Cannes, 베니스 영화제Venice International Film Festival와 더불어 세계 3대 영화제 중에 하나인 베를린 영화제Internationale Filmfestspiele Berlin에서 황금사자상을 받은 이유를 알 만도 하다. 어떤

당신도 불통이다

사람은 이 영화를 심리학 교재로 사용하고 또 누군가는 협상의 원리를 이끌어 내는 데 쓰며 또 누군가는 영어 공부에 활용한다고 한다. 하지만 나는 의사소통의 좋은 사례로 이 영화의 일부 장면을 활용해 보고자 한다.

열두 명의 배심원들이 배심원실을 나갈 수 있는 방법은 토론의 결과가 만장일치에 도달하게 하는 것이다. 따라서 토론 시작과 동시에 유무죄 투표를 실시하여 어느 쪽이든 12대 0의 결과가 나온다면 토론은 그것으로 끝이다. 그런데 영화 시작과 함께 실시한 첫 투표의 결과는 유죄 11표, 무죄 1표가 나오게 된다. 이 때 8번 배심원만이 무죄를 주장하고 나머지 열한 명은 유죄를 주장한다.

유죄를 주장한 사람 중에는 11대 1 정도면 거의 만장일치나 다름없고 우리 모두는 생각이 바뀔 가능성이 없으니 토론조차 필요 없다고까지 이야기하는 사람도 있다. 하지만 8번 배심원은 자신의 주장을 뒷받침할 근거들을 실증적으로 제시하면서 영화가 끝날 때까지 한 명씩 설득해 나가기 시작한다. 그리고 결국에는 열한 명 중에 열 명이 무죄로 추정하도록 돌아서게 만든다. 마지막까지 남은 사람은 딱 한 명, 3번 배심원뿐이다.

3번 배심원은 토론 시작과 함께 자신의 수첩에 적어둔 유죄의 증거들을 꼼꼼하게 설명한다. 그리고 그 내용들은 모두 뒤집을 수 없는 팩트라고 자신 있게 말한다. 그 뒤부터는 토론 과정에서 어떠한 새로운 의심 정황이나 근거가 나타나도 자신의 원래 주장을 뒤집지 않는다. 그러고선 모두가 무죄로 돌아선 다음에야 이성적인 판단이 아닌 감정에 의해 스스로 무너지는 모습을 보이며 소년의 무죄를 인정하고 영화는 끝이 난다. 마지막에 울먹이며 무죄라고 생각한다고 말하는 것으로 보아 이미 영화 중간에 마음은 돌아섰지만 인정하고 싶지 않은 심리적 걸림돌이 있었음을 알 수 있었다.

3번 배심원은 왜 그토록 강력한 의심 상황에서도 자신의 주장을 바꾸지 못했을까? 바로 '투사' 때문이다. 소통의 대상이 되는 사물 또는 현상을 있는 그대로 자신의 머릿속 판단 작업대 위에 올려놓지 못하고, 과거 자신의 상처나 고정관념을 덮어씌운 뒤 해석했기 때문이다. 투사는 영상을 던진다는 말로 대상에 자신의 감정이나 관념을 씌운다는 의미이다. 투사를 범하고서는 현상을 있는 그대로 지각할 수 없다. 잘못된 현상 지각은 잘못된 메시지를 만들고 잘못된 메시지는 의사소통의 과정에서 청자에게 온전하게 받아들여지지 않는다.

··· 대표적인 의사소통 오류, 투사 ···

그렇다면 3번 배심원이 의사소통 오류인 투사를 어떻게 범했는지 구체적으로 살펴보자. 영화 초반에 그는 다른 사람에게 자식이 있냐고 물어본 뒤 자신에게는 아들이 한 명이 있다며 아들과 함께 찍은 사진을 보여 준다. 그러면서 아들이 어릴 때 친구들과 싸우다가 도망치는 모습을 보고 속이 상해서 그 뒤로 강하게 키우려고 노력했다며 자식에 대한 강한 애정을 보인다. 그런데 그렇게 열심히 키워놓은 아들이 지금은 가출해서 2년 동안 소식이 없다는 말도 한다. 그 후 영화는 다른 장면으로 넘어가지만 앞에서 설명한 장면만으로도 그가 아들에 대한 애증으로 가득 차 있음을 암시하기에는 충분했다.

아들과의 관계가 불편한 상태에서 우연히 배심원으로 참석하게 된 재판에서 마주한 피고인은 다름 아닌 아버지를 살해한 것으로 의심받는 18세 소년이다. 소년을 본 순간 3번 배심원은 더 이상 이성이 작동하지 않는다. 소년은 이미 유죄다. 따져볼 것도 없다. 아들에 대한 미운 감정을 소년에게 뒤집어씌운 것이다. 머릿속 판단 작업대에 올리면서 이미 있는 그대로가 아닌 변형된 상태로 올리고 만다. 그런 대상에 대한 온전한 해석이 가능할 리 없다. 3번 배심원은 이미 유죄라는 주장을 앞세우고 영화 내내 그 주장을 뒷받침할 증거만을 수집한다. 이런 태도는 확증편향의 오류다. 자신의 주장에 반하는 증거가 나타나면 애써 무시하며 선택하지 않는다. 이것은 지각 방어이자 억압이다.

그런데 영화를 모두 보고 난 뒤 나는 3번 배심원을 비난하기가 쉽지 않았다. 나 역시 투사, 확증편향, 지각방어의 오류를 범한 경험이 많기 때문이다. 태어날 때 백지 상태였던 우리의 머릿속은 부모, 선생님, 책, TV, 자신만의 경쟁 상황 등에 의해 사람마다 다른 색깔을 갖게 된다. 개인의 역사에 따라 가치관이 형성되는 것이다. 이 가치관은 사물과 현상을 판단하는 기준이 된다. 그런데 인간이 간과하는 것이 있다. 세상의 사물과 현상은 인간이 그들만의 가치로 판단하기 이전에 고유한 진실을 품고 있다는 사실이다. 이 진실을 그들이 표출하는 대로, 즉 보이는 대로 보아야지 인간이 보고 싶은 대로 보기 시작하면 문제가 발생한다. 서로 같은 대상을 두고도 다르게 보고, 화자가 말한 원래의 사실 세계를 보려하지 않고 청자 자신이 독특하게 인지한 지각 세계로 보는 순간 소통은 불통이 되는 것이다.

이제 불통, 즉 말이 안 통하는 이유가 등장했다. 바로 지각 오류다. 지각이란 인간이 대상이나 현상을 자신만의 인지 과정을 통해 의미를 부여하는 과정이다. 그런데 의미를 부여함에 있어 객관성이 결여되어 그 진실을 보지 못할 때 지각 오류를 범했다고 말한다. 앞에서 말한 투사, 확증편향, 지각 방어와 같은 것들이 대표적인 지각 오류의 사례이다. 우리는 이 외에도 수많은 지각 오류들을 범하고 산다. 이 책은 전반에 걸쳐 불통의 가장 큰 원인인 지각 오류와 그것을 해소하는 방법에 대해 살펴볼 것이다.

본문은 총 6장으로 구성되어 있으며 1장에서는 의사소통이 이루어지는 원리에 대해서 설명한다. 2장과 3장은 화자의 올바른 자세를 말한다. 어떻게 메시지를 객관적으로 만드는지, 만들어진 메시지를 어떻게 잘 전달할 수 있는지에 대해서 살펴본다. 4장과 5장은 청자의 자세에 대해 설명한다. 화자가 전달한 메시지를 왜곡 없이 있는 그대로 받아들이는 방법과 화자를 공감하는 법에 대해 다루었다. 6장에서는 앞의 내용들을 아울러 소통을 잘할 수 있는 비법을 소개했다. 모든 내용은 독자의 이해를 돕기 위해 영화 〈열두 명의 성난 사람들12 Angry Men, 1957〉 인물 사례, 일상 속에서 우리가 범하는 실수들, 다른 책에서 가져온 사례들로 채웠다.

　우리는 소통의 과정에서 언제나 화자인 동시에 청자이다. 내가 말하는 순간은 화자이지만 말이 끝나고 상대가 말을 시작하는 순간, 청자의 위치로 변한다. 따라서 소통을 잘하기 위해서는 화자와 청자의 역할을 모두 잘해야만 한다. 물론 이 책을 다 읽은 독자라고 해서 하루아침에 소통하는 방법이 좋아지지는 않을 테지만 하나 둘씩 실천한다면 분명히 달라져 있는 자신을 발견하게 될 것이다.

2019년 가을 손 정

목차

Contents

프롤로그

"너하고 말을 섞은 내가 잘못이지."

"당신하고는 얘기만 하면 싸우게 돼."

"우리 부장님은 아직도 옛날이야기만 하셔."

"자기 생각을 거르지도 않고 있는 그대로 말해버리네."

"너하고는 도저히 말이 안 통해. 생각이 너무 달라."

    일상에서 소통이 안 될 때 우리들이 내뱉는 말들이다. 우리는 같이 사는 부부 사이에는 성격 차이, 부모 자식·상사와 직원 사이에는 세대 차이, 친구 사이에는 가치관 차이, 외국 사람과는 언어 차이, 종교에 따른 신념의 차이, 동·서양 사이의 문화 차이로 말이 안 통한다고 불통을 방어한다.

그렇다면 우리는 언제 누구와 말이 통할까? 말이라는 것이 원래 통하는 것이 맞기는 한 걸까? 소통은 원래 안 되는 게 정상인 것은 아닐까? 말이란 것은 언어가 다르면 통하지 않고 가치관이 다르면 통하지 않는다. 이해관계가 얽혀 있으면 이리저리 재게 되니 더 통할 리 없다. 그럼 나하고 완벽하게 똑같이 복제된 인간이 있다면 말이 통할까?

생각해 보자. 나와 똑같은 사람과 친구가 될 수 있을까? 나와 동일한 사람과 결혼해서 살라고 하면, 그렇게 할 수 있을까? 내가 나하고 대화한다면 언제나 말이 통할까? 나와 같은 친구? 솔직히 나는 확실히 '네'라고 대답할 수 없을 것 같다. 내가 얼마나 고집스럽고 자기신념에 빠져 있는 사람인지 알기 때문이다.

이쯤 되면 소통이란 것은 원래 어려운 것이고 잘되면 오히려 신기한 듯 '이야, 정말 오랜만에 말이 통하는 사람을 만났네'라면서 놀라워해야 하는 것은 아닐까?

우리는 말이 통하지 않는 그 자연스러운 현상을 오히려 이상하다고 착각하고 있는 것은 아닌지 생각해 볼 필요가 있다. 만약 주변에 내 말을 잘 들어 주고 모든 것을 이해해 주는 친구가 있다면, 그 친구는 그동안 나를 위해 많은 것을 참아 주고 포용해 주었던 것일지도 모른다.

나하고 완벽하게 복제된 인간이 있다고 하더라도 복제된 그 순간부터 자기만의 삶을 살게 되기 때문에 몇 달만 지나면 금세 불통에 직면하게 될 것이다. 머릿속 생각의 주머니에 서로 다른 정보가 쌓이고 자신의 미래를 위한 새로운 이해 관점을 형성할 것이기 때문이다.

여기까지 생각해 봤다면 소통은 안 되는 것이 맞다. 그런데 이 어려운 것을 우리는 왜 하려고 할까? 서점에 있는 리더십에 관한 책 제목만 옮겨 적어도 책 한 권은 된다는 말이 있듯이 모르긴 해도 소통에 관한 책 역시 마찬가지일 것이다. 그것은 사람들이 그만큼 소통에 관심이 많다는 뜻일 텐데, 왜 그런 걸까?

그것은 우리가 인간人間이기 때문이다. 그냥 사람人이 아닌 '간間'이라는 글자가 사람과 함께할 때 비로소 온전한 존재가 되기 때문이다. 무인도에 혼자 사는 사람이라면 소통은 필요 없다. 그러나 우리는 함께하기에 사회적 존재로 완성되는 동물인 인간이다. 필연적으로 관계를 수반한다.

관계關係란 주고받음으로 매여 있는 사이라는 뜻이다. 이 관계의 수단은 의사意思의 교환이다. 의사가 올바르게 전달되었을 때 우리는 그것이 트여서 통했다는 의미로 의사소통意思疏通이라고 말한다. 이처럼 인간은 온전한 사회적 존재로 성립하기 위해 서로간에 의사를 주고받아야 하는 존재다. 그래서 우리가 이토록 소통을 중요하게 여기는 것이다.

그래서 소통이라는 문제에 너무 쉽게 접근하려 하기보다 좀 더 근본적이고 체계적으로 다가갈 필요가 있다. 그저 '주장과 근거를 명확히 해서 논리적으로 말하라', '타인의 말을 경청하라'는 성급한 해법보다 소통이 이루어지는 원리와 그것을 방해하는 본질적 이유부터 따져봐야 한다. 그리고 나서 논리, 경청, 존중과 같은 해법을 이야기해야 할 것이다.

잘 가던 자동차가 갑자기 멈춰 섰다면 무슨 생각부터 하는가? 물론 '보험 회사에 전화해야지'라는 답을 하는 사람도 있겠지만 그래도 한 번쯤은 '어디에 문제가 있기에 차가 멈췄을까?'하고 생각해 보게 될 것이다.

그러기 위해서 우리는 자동차 구조를 머릿속으로 분해하는 과정을 거친다. 엔진, 타이어, 연료 등에 대해 내가 아는 상식으로 분해한 뒤 '엔진에 문제가 있을까?', '타이어에 구멍이 난 것일까?', '연료가 없는 걸까?'하고 생각해 보고 하나씩 확인하려 할 것이다. 이것이 문제 해결의 첫 단계인 문제 정의와 대상의 분해다.

그렇다면 소통은 무엇으로 분해될까? 바로 화자와 청자다. 따라서 소통이 안 되는 원인도 내가 화자 혹은 청자로서의 역할을 잘못했기 때문임이 분명하다. 그렇다면 올바른 소통을 위한 화자의 역할은 무엇일까? 그것은 메시지를 객관적으로 만드는 것과 올바르게 전달하는 일이다.

화자 1 - 메시지를 객관적으로 만들어라

나쁜 재료로 맛있는 음식을 만들 수 없듯이 객관적으로 만들어지지 않은 메시지로는 소통을 시작조차 할 수 없다. 같은 현상을 두고도 나의 시각에서만 바라보는 행위자 - 관찰자 편향, 미리 나의 주장을 정해놓고 반대되는 근거가 나타나도 바꾸지 않는 '확증편향', 모든 사건의 원인을 타인에게 돌리는 '귀인 오류', 사람과 현상에 내 감정을 대입시켜 판단하는 '투사'는 메시지를 왜곡되게 만드는 대표적인 오류들이다.

화자 2 - 잘 전달하라

아무리 메시지를 객관적으로 잘 만들었다고 해도 청자에게 온전히 전달되지 않으면 소통이 되지 않는다. 청자의 언어가 아닌 나만의 언어, 지식의 저주에 빠져 상대도 당연히 알 것이라 생각하고 정보를 누락하거나 축약하는 행위, 작은 목소리로 말하거나 반복해서 강조하지 않는 것, 누구나 아는 식상한 표현으로 청자의 감각을 자극하지 못하는 것 모두가 제대로 전달하지 못하는 경우에 해당한다.

화자의 역할이 메시지 '객관화하기'와 '잘 전달하기'라면 청자의 역할은 '메시지를 있는 그대로 받아들이기'와 '화자에 대해 공감하기'다.

👤 청자 1 - 메시지를 있는 그대로 받아들여라

화자가 메시지를 객관적으로 잘 만들어서 청자의 언어를 사용해 큰 목소리로 반복해서 말했는데도 그 메시지가 바르게 전달되지 못했다면 그 원인은 듣는 사람에게 있다. 청자가 메시지를 자기 마음대로 변형하여 받아들인 탓이다. 또는 그 메시지가 자신이 듣기 싫은 말이기 때문에 애써 외면했을 가능성이 크다. 바로 휴리스틱heuristics, 회상용이성, 억압의 오류다. 청자는 화자의 메시지를 들으면 마땅히 종합적인 정보를 바탕으로 입체적인 판단을 내려야 함에도 불구하고 자신이 떠올리기 쉬운 과거 지각 사례를 동원하거나 자신이 보고 싶은 것만 보고 판단하는 오류를 범한다. 또는 상대가 나보다 어린 사람이라고 해서 무시하거나 내가 싫어하는 사람의 말일 경우 듣고서도 못들은 척하는 것도 불통의 원인이 청자에게 있는 경우이다.

👤 청자 2 - 화자에 대해 공감하라

똑같이 짓궂은 농담을 하더라도 미운 사람이 하면 더 기분 나쁘고 내가 좋아하는 사람이 하면 귀엽게 들린다. 퇴근하고 온 배우자가 별일도 아닌 것으로 짜증을 낼 경우 '회사에서 무슨 일이 있었나보다'라고 생각하면 쉽게 넘길 수 있지만 '자기만 힘든가?'라고 생각하면 그 짜증이 큰 싸움으로 번진다. 짜증내는 배우자에게 '오늘 회사에서 많이 힘들었지. 저녁은 내가 할게'라고 말해 보자. 자칫 관계 악화를 불러올 수 있는 상황도 반전시킬 수 있을 것이다.

듣는 사람이 화자를 어떻게 생각하느냐에 따라 같은 말로 행복할 수도 있고 불행해질 수도 있다. 위기가 곧 기회라는 말이 있듯 격한 감정의 순간이 오히려 관계를 좋게 만들 수 있는 기회가 될 수 있을 것이다.

이렇게 소통이라는 문제를 화자와 청자로 나누고 다시 메시지 만들기, 전달하기, 받아들이기, 화자 공감하기로 나누어 살펴보면 불통의 원인을 찾을 수 있다. 본문에서는 위에서 제시한 원인들보다 더 많은 원인들을 깊이 있게 다루었다. 의사소통이 이루어지는 기본 원리와 함께 불통의 원인들을 제시한 후 책의 후반부에는 소통의 해법을 구체적으로 제시했다.

'이 세상에서 내가 변화시킬 수 있는 유일한 사람은 나 자신뿐이다'라는 말이 있듯이 소통 역시 그 원인과 해법이 나에게 있음을 알고 나부터 변화시키는 것이 빠르고도 가장 명확한 길이다. 설령 상대에게 명백한 원인이 있다고 하더라도 내가 그를 변화시키기란 쉽지 않기 때문이다.

내가 화자일 때는 올바른 정보로 만든 객관적인 메시지를 효과적으로 전달하는 것이 소통을 위해 할 수 있는 가장 확실한 방

당신도 불통이다

법이다. 마찬가지로 내가 청자일 때는 상대가 전달하는 메시지를 있는 그대로 받아들이고 그의 상황을 공감하는 것이 청자로서 내가 할 수 있는 가장 확실한 방법이다. 불통의 책임을 상대에게 돌리기보다 내가 소통의 주체가 되는 것이 가장 믿을 수 있는 해법이기 때문이다. 그럼 지금부터 내가 소통의 주인이 되는 방법으로 들어가 보자.

PART 1

의사소통의
원리부터 알자

내 말은 어떤 과정으로 상대에게 전달될까?
나는 화자의 원래 의도에 맞게 이해했을까?
의사소통의 최전선, 지각
영화 속 낯설지 않은 인간 군상들

내 말은 어떤 과정으로
상대에게 전달될까?

화자가 하는 말을 청자가 듣고 이해하는 과정을 의사소통이라
고 쉽게 말할 수도 있겠지만 사실은 그리 간단한 과정이 아니다.
메시지가 만들어지고 청자에게 도달하는 과정이 몇 초도 안 되
겠지만 그 과정에는 몇 가지 단계가 있다. 그 단계들 속에는 저마
다 소통을 잘할 수 있게 돕는 이유 또는 소통을 방해하는 이유들
이 숨어 있다. 섀넌Shannon과 위버Weaver는 이 과정을 커뮤니케이션
모델로 정리했는데, 과정별로 살펴보면 다음과 같다.

… 재료 …

소통에 있어 재료란 화자가 청자에게 전하고 싶은 날 것의 메시

섀넌과 위버의 의사소통 모델

화자 → 재료 → 부호화 → 메시지 → 전달 통로 → 지각 → 청자

피드백 | 반응

의사소통 방해 요인

< 재료 >	< 부호화 >	< 전달 통로 >
• 너무 많은 양의 재료 • 청자가 원치 않는 재료 • 정보 누락	• 잘못된 부호 선택 • 논리성, 근거 부족 • 부호화 과정에서 과다 축약	• 효과적이지 못한 전달 통로 선택

< 지각 >	< 소통 환경 >	< 반응과 피드백 >
• 지각 선택 오류 • 지각 조직 오류 • 지각 해석 오류	• 시끄러운 장소 • 수신하기 어려운 상황 • 화자와 청자의 타이밍	• 청자의 무반응 • 화자 자신의 원래 의도와의 일치 여부 미확인

지다. 다른 말로 하면 할 말 또는 말할 거리다. 또는 말할 동기라고 할 수도 있다. 가끔 지각하는 직원에게 충고를 한 마디 해야겠다는 생각이 들었다면 재료가 생긴 것이다. 숙제를 하지 않고 스마트폰 게임에 푹 빠져 있는 아이에게 숙제 먼저 하라고 말하고 싶어졌다면 재료가 생긴 것이다. 그런데 같은 재료를 가지고도 의사소통의 결과로 사람 사이의 관계를 망치는 경우, 관계에는 영향

을 주지 않으면서 재료만 잘 전하는 경우, 혹은 소통이라는 매개를 통해 관계를 개선하는 경우도 있다. 도대체 재료를 어떻게 다루었기에 이렇게 다른 결과가 생기는 걸까?

재료는 그것 자체가 청자에게 전달되는 것이 아니라 소리로 된 언어, 문자, 숫자, 그림 등의 부호로 변환되어 메시지로 만들어진 다음에 전달된다. 이 과정을 부호화라고 하는데 다음에 이어서 살펴보기로 하고 여기서는 재료의 성격부터 알아보자.

먼저 전하고자 하는 재료가 너무 많을 경우 소통이 안 될 가능성이 있다. 할 말은 많지만 한꺼번에 많은 재료를 메시지화하다 보면 청자의 지각 능력의 한계를 넘어서기 때문이다. 반대로 메시지화하는 과정에서 애초의 재료가 누락되면 메시지가 불완전하게 만들어진 채로 전달된다. 소통의 최종 목적은 청자의 행동을 유도하는 것인데 누락된 정보로 의도된 행동 변화를 이끌어 낼 수는 없다.

재료에 있어 가장 중요한 것은 청자가 원치 않는 재료로 소통을 시도할 때 어떻게 할 것인가이다. "또 지각이냐"라는 말을 듣고 싶어 하는 사람은 없을 것이다. "숙제 먼저 하고 놀아라"라는 말을 기분 좋게 받아들이는 아이도 없을 것이다.

이처럼 거의 모든 사람은 자신에게 강제로 행동의 변화를 요구하는 말을 듣기 싫어한다. 또는 과거에 한 번 했던 말을 반복해서

하는 경우도 원치 않는 재료에 해당한다. 술만 마시면 했던 얘기를 끝도 없이 반복하는 사람이 환영받지 못하는 것도 같은 이유다. 그렇다면 반드시 전해야 할 필요가 있는데 청자가 원치 않는 재료일 경우 어떤 방법으로 메시지를 만드는 것이 좋을까?

그것은 바로 소통의 결과로서 행동의 변화에 대한 의사결정권을 청자가 갖도록 말하는 것이다. 노자 강의로 유명한 최진석 서강대학교 교수의 중학교 시절 선생님들처럼 "신발 끈 묶어라"가 아닌 "신발 끈 풀렸다"라고 말하는 것이다. '묶어라'는 지시다. 내가 시키는 대로 하라는 명령이다. 행위의 결정권이 청자에게 없어 보이므로 지배받는 느낌이 들고 그 행위가 당연한 것이라 하더라도 괜히 하기 싫은 마음이 생긴다.

하지만 "신발 끈 풀렸다"는 다르다. 현상만을 알려 주는 말이다. 지금 현상이 이러하므로 행동할지 말지는 청자인 당신이 결정하라는 사실에 대한 기술이다. "앞으로 지각 하지 마라"가 아닌 지각한 상황을 인지하게 하는 "조금 늦었네" 정도면 충분하다. 지각이 바람직하지 않은 일이란 건 누구나 다 알기 때문이다. "숙제 좀 해라"가 아닌 "오늘 숙제가 좀 남았네" 정도면 화자의 의도를 눈치챌 수 있다. 남이 시켜서 하는 일이 아닌 스스로 하는 일은 할 때도 기분이 상하지 않지만 행위의 결과가 온전히 자신의 몫이므로 하고 나서도 기분을 좋게 만든다.

당신도 불통이다

··· 부호화 ···

부호화는 머릿속에 있는 말할 재료를 소리로 된 언어, 문자, 숫자, 그림 등의 부호로 조합하는 과정이다. 할 말은 소리나 문자로 된 언어로 구성하든 그림으로 그리든 형상화해야만 메시지가 된다. 이 때 가장 중요한 것은 올바른 부호의 선택이다.

먼저 부호의 외형적인 모습이다. 회사에서 문서를 작성하거나 신문 기사를 쓸 때 숫자를 동원해야 할 때가 있다. 매출액 실적이나 통계 등이 그것인데 이때는 문자보다 숫자가 낫다. 그런데 그냥 숫자로 나열하는 것보다 잘 짜인 틀에 숫자를 넣어 표로 나타내 주면 내용을 전달하는 데에 더욱 도움이 된다. 여기서 한 발 더 나아가 표를 그래프로 부호화할 수 있다면 더 좋다.

그런데 그래프의 경우 그 방향성은 한 눈에 읽어내기 쉽지만 그 속에 숨어 있는 맥락을 찾아내기가 쉽지 않을 때도 있다. 이럴 때는 붉은색 점선이나 말풍선을 넣어 간단한 설명을 붙여 주면 더 좋다. 이처럼 재료를 부호화하는 일은 재료 자체가 가진 의미를 더 효과적으로 나타내 주는 역할을 한다.

문자나 숫자, 그림이 부호의 외형적인 모습이라면 질적인 모습은 한층 더 중요하다. 질적인 모습의 두 가지 중요한 요소로는 주장에 대한 근거와 청자의 언어를 들 수 있다. 먼저 주장에 대한 근거다. 대체로 말할 재료라 하면 화자의 주장을 뜻한다. 사람이란 모두 저마다의 생각이 있기 마련인데 상대에게 자신의 주장이 받아들여지게 하기 위해서는 근거가 필요하다. 근거도 그저 자신의 생각이 아닌 논리적이고 실증적인 근거가 필요하다. 다시 영화 〈열두 명의 성난 사람들12 Angry Men〉 속으로 들어가 보자.

영화에는 두 명의 증인이 등장한다. 한 명은 살인 사건이 일어난 같은 아파트의 아래층에 사는 노인이고 한 명은 아파트의 길 건너 맞은 편 건물에 사는 여인이다. 아들이 아버지를 칼로 찌른 혐의로 재판에 회부된 이 살인 사건은 경찰의 검시 결과 밤 12시 10분에 일어났다. 노인의 증언에 따르면 같은 시각 자신은 아래층 집에 누워 있었고 위층에서 아버지와 아들이 심하게 싸우는 소리가 들리더니 아들이 "죽여 버릴 거야"라고 외치는 소리가 들려왔다고 한다. 소리가 난 뒤에는 곧바로 '쿵!'하고 무언가 쓰러지는 소리가 들리더라는 것이다. 아래층 노인은 그 소리가 칼에 찔린 아버지가 쓰러지는 소리였을 것이라고 추정했다. 그 소리를 들은 노인은 혹시나 하여 침대에서 일어나 현관문까지 걸어가서 문을 열어 보니 공용 계단으로 위층 소년이 급히 뛰어 내려갔다고 말했다. 물론 그 모습도 뒷모습만 봤으니 위층 소년이라는 말은 추정에 불과하지만 노인은 사실이라 믿고 강하게 주장했다.

영화에서 소년이 유죄라고 믿는 3번 배심원의 주장이 받아들여지지 않았던 이유는 주장의 근거가 실증적인 것이 아닌 증인의 일방적인 증언이나 정황 증거를 자신의 근거로 삼았기 때문이다. 방금 위에서 보았다시피 노인의 증언은 직접 증거가 아닌 추정에 불과하다. 그러나 3번 배심원은 그 증언을 자기주장의 근거로 대면서 다른 사람에게 받아들여지길 바랐다.

하지만 8번 배심원은 달랐다. 우선 모든 상황을 의심했다. 재판에서 증인이 아무리 선서를 하고 증언을 한다지만 그들도 사람이므로 증인의 말조차 있는 그대로 믿을 수는 없다는 것이다. 또한 위층에서 들리는 목소리를 소년의 것으로 확신할 수 있는 근거가 무엇인지 의심하고, 사건 당시 아파트 옆으로 전철이 지나갔으니 그 소음 속에 소년의 목소리가 묻혔을 가능성도 고려했다.

또한 공용 계단으로 뛰어 내려가는 장면을 사진으로 찍어 놓지 않는 한 노인의 주장은 말 그대로 주장일 뿐이다. 게다가 다리를 절뚝거리는 노인이 그 짧은 시간에 현관으로 가서 제 시간에 문을 열었을 가능성도 그리 높지 않았음을 실험을 통해 검증했다. 이런 일련의 과정을 통해 다른 배심원들은 점점 8번 배심원의 주장 쪽으로 동의해 갔다.

주장에 대한 근거와 더불어 부호화의 질적인 측면에서 중요한 또 다른 하나는 청자의 언어다. '사평역에서'라는 시로 널리 알려진 곽재구 시인은 시뿐만 아니라 좋은 산문을 쓰는 것으로도 유명하다. 특히 과거에 책을 소개하는 TV 프로그램인 〈느낌표〉에도 소개된 바 있는 『포구기행』은 작가가 우리나라의 포구들을 여행하면서 보고 느낀 점을 쓴 글로 단순한 기행문을 넘어 삶의 의미까지 생각하게 하는 책이다. 이 책의 한 부분에 청자의 언어를 설명할 수 있는 좋은 사례가 있어 가져와 본다.

〈곽재구의 『포구기행』 82쪽〉
나는 조금 더 나이가 든 어부를 찾았다.
"한 배의 어획량이 얼마쯤 되죠?"
"오백만 원."
그는 아주 알기 쉽게 대답했다. 어림하기 힘든 몇 톤이라는 대답보다는 오백만 원이 훨씬 알아듣기 쉽잖은가. 연륜은 사물의 핵심에 가장 빠르게 도달하는 길의 이름이다.

여기서 어부가 사용한 오백만 원이 바로 청자의 언어이다. 어부는 늘 물고기를 잡고 위판장에 내놓으면서 톤이라는 단어를 사용했을 것이다. 그것이 자신에게는 더 익숙하다. 따라서 톤은 화자의 언어다. 하지만 고기잡이 일을 하지 않는 여행객에게 몇 톤이라는 말은 익숙하지 않다. 말해줘도 그것이 얼마만큼의 물고기 양을 뜻하는지 전달되지 않는다. 잘못된 부호의 선택이 소통을 방해하는 사례다.

아마 이 어부도 처음에는 화자의 언어인 몇 톤이라고 말했을 것이다. 그럴 때마다 처음 어획량을 물었던 여행객이 "몇 톤을 돈으로 따지면 얼마나 되나요?"라고 다시 물었을 것이다. 이 과정이 반복되다 보니 어부는 청자가 알아들을 수 있는 말을 선택했을 것이다. 바로 작가가 말한 연륜의 힘이 언어 선택을 도운 것이다.

이렇듯 소통에서 말할 재료를 부호화한다는 것은 청자가 알아들을 수 있는 언어로 구성한다는 의미다. 그들에게 익숙한 용어로, 재료 자체가 신뢰성 있고, 재료의 핵심을 표현하도록 하는 것이 바로 부호화의 관건이다.

··· 전달 통로_{채널} ···

메시지가 전달되는 통로를 채널이라고 한다. 만나서 직접 대면하여 전달하거나 전화를 이용하거나 또는 글로 써서 전할 수도 있다. 적절치 못한 채널을 선택할 경우, 메시지를 온전하게 전달하지 못하는 것은 물론 오해를 불러일으키기도 한다.

가장 좋은 채널은 대면이다. 흔히 열 번 전화로 이야기하는 것보다 한 번 만나서 이야기하는 것이 효과가 더 크다고 한다. 만나서 이야기하면 서로 얼굴을 마주보기 때문에 친근감을 높일 수 있고 신뢰 역시 높아진다. 그리고 즉각적인 피드백이 가능하며 말뿐만 아니라 다른 자료들도 현장에서 보여줄 수 있으므로 주장의 근거를 많이 제시할 수 있게 된다.

다만 시간적 여유가 없을 때, 즉각적으로 오해를 풀어야 할 상황에서는 대면보다 전화를 먼저 하는 것이 바람직하다. 글로 하는 소통은 보존이 오래되고 증거가 남기 때문에 계약서와 같은 약속된 문서에 유용하다. 우리는 일상에서 잘못된 채널을 선택하여 갈등을 부르는 경우를 많이 본다. 오해가 생겼을 때 빨리 전화로 해소하지 않고 시간을 끌다가 화를 키우기도 한다.

반면 화가 난 사람에게는 즉각적인 대면보다는 시간을 주어 화를 누그러뜨리고 진실한 마음을 담아 편지를 쓰는 것이 효과적일 때도 있다. 이처럼 채널 선택은 상황에 따라, 상대의 성향에 따라 달라져야 한다.

··· 소통 환경 ···

소통 환경이란 대화가 이루어지고 있는 물리적인 공간, 청자가 메시지를 받아들일 수 있는 여건, 화자와 청자의 타이밍을 말한다. 우선 물리적인 공간에 대한 조건은 쉬운 예로 장소가 조용한 곳인지 시끄러운 곳인지 여부다. 시끄러운 곳에서는 화자의 말이 잘 들리지 않아 소통을 방해한다. 싱크대에 물을 틀어 놓고 설거지를 하고 있는데 거실에서 말을 걸면 소통이 되지 않는다.

메시지 수신 여건이란 전화가 잘 터지지 않는 곳에 있는 사람에

당신도 불통이다

게 전화를 걸면 소통할 수가 없고 손에 거품이 묻어 전화기를 집을 수 없는 사람과는 통화를 할 수 없는 것과 같이 청자가 화자의 메시지를 받아들일 수 있는 조건이 되는가를 말한다.

이러한 물리적인 환경 외에도 화자와 청자의 심리 상태에 의한 타이밍도 중요한 소통 환경이다. 아직 대화할 기분이 아닐 때에는 억지로 말을 걸기 보다는 더 나은 상황을 만들어 대화를 시도하는 것이 좋다.

이는 국가 간 정상회담에서도 중요한 요건이 된다. 회담을 하러 가기 전에 경제 완화 조치를 미리 취해 준다든가 억류했던 사람을 풀어주는 등의 방법을 통해 대화 분위기를 조성하고 만남을 갖는 것은 타이밍을 인위적으로 좋게 만드는 사례이다. 용돈을 받을 수 있는 좋은 타이밍은 부모님의 기분이 좋을 때이다. 이 때 메시지를 전달하면 수용성이 높아진다.

··· **지각** ···

화자의 머릿속에 있던 말할 거리가 부호화되어 메시지로 형성되고 알맞은 소통 환경에서 가장 효과적인 채널로 청자에게 전달되었다고 하자. 그럼 화자와 청자 사이에 소통이 이루어진 것일까? 아직 가장 어려운 한 고비가 남았다. 바로 지각이다.

아무리 맛있는 사과도 사탕을 먹고 난 사람의 입에는 달지 않다. 화자가 온 힘을 다해 전한 메시지도 청자의 왜곡된 지각 방식 앞에는 무용지물이다. 따라서 화자는 청자의 지각 오류를 자극하는 전달 방식을 취해서는 안 되며 청자는 자신에게 온 메시지를 객관적으로 바라보려는 노력이 필요하다.

문제는 끊임없이 자기부정을 하지 않는 한 자신이 고유하게 가지고 있는 왜곡된 지각 방식을 수정하기가 쉽지 않다는 사실이다. 진보와 보수, 지역 갈등, 학력에 대한 편견, 남녀 차별, 피부색에 따른 고정관념이 쉽게 사라지지 않는 이유도 사람에 따른 편향된 지각 방식 때문이다. 왜곡된 지각 방식은 메시지가 아무리 좋아도 애초부터 귀를 닫게 한다. 설령 귀를 열고 들었다 하더라도 자기만의 방식으로 메시지를 재조합해서 해석하기도 한다.

어쩌면 인간 삶의 과정은 필요에 따라 사물을 객관적으로 보면서 공정성을 확보하고 때로는 주관적으로 보면서 창의성을 확보하는 모순된 상황의 줄타기일지도 모른다. 하지만 의사소통에서만은 객관성이 절대적으로 필요하다.

"어떻게 편견을 배제할 것인가?" 〈열두 명의 성난 사람들〉에서 가장 소통을 잘했던 8번 배심원의 말이 무엇보다 중요하다.

··· 반응 ···

반응은 외부 자극에 응답한다는 뜻이다. 청자가 화자의 메시지를 들었다면 메시지 자체를 들었다는 확인 또는 자신이 이해한 내용이 맞는지 확인하는 반응을 보여주어야만 화자가 대화를 계속해서 이어나갈 수 있다. 대화 자체를 이어가는 것보다 더 중요한 것은 인지적 일관성이다. 인간은 자신이 지각한 대로 태도를 결정하고 행동하려 한다. 만약 소통의 과정에서 청자가 적절하게 반응을 보여 자신이 이해한 메시지와 화자의 의도가 맞는지 확인하지 않은 채 자신이 지각한 사실만을 일방적으로 믿고 행동한다면 오해가 생길 확률이 높다.

의외로 회사에서 이런 일이 자주 발생한다. 팀장이 업무를 지시했을 때 팀원 입장에서는 조금이라도 모호하다면 되물어서 확인해야 한다. 정확한 업무 목표가 무엇인지 마감 기한은 언제인지, 언제쯤 중간보고를 해야 하는지, 나의 재량권은 어디까지인지 알고서 일을 시작해야 한다. 이런 과정이 이루어지지 않아 엉뚱한 일을 하거나 잘못된 결과물이 나오기도 하며, 일을 두 번 하는 경우도 심심치 않게 일어난다.

이로써 의사소통 프로세스에서 화자가 재료를 부호로 바꾸어 메시지를 만들고, 채널을 통해서 전달한 후 청자에게 지각되고 반응에 이르는 과정을 살펴보았다. 이 모든 과정에서 불통의 원인이 존재하지만 재료, 부호화, 채널, 반응의 문제는 사람이 마음먹고 의식하면 어느 정도 쉽게 고칠 수 있다. 하지만 지각 오류는 다르다. 순간적으로 이루어지는 지각은 그 짧은 순간에도 지각 선택, 지각 조직, 지각 해석의 3단계를 거치게 되며 매 단계마다 오류가 도사리고 있기 때문이다. 지각은 개인의 역사적 관념에 의해 지배를 받는다. 자신이 형성한 고유의 가치관으로 사물, 현상, 상대의 말을 대하므로 객관성을 유지하기가 쉽지 않다. 또한 회사와 같은 조직의 경우 부서에 따라 그들의 입장을 대변하기 위해, 자기 부서에 유리한 쪽으로 지각을 하는 경향이 소통을 막기도 한다. 또한 리더가 구성원을 대할 때 편향된 시각으로 사람을 지각하여 성장을 가로막고 협력을 방해하기도 한다.

이 책은 전반에 걸쳐 우리의 지각 방식과 오류에 대해 다룰 것이다. 소통의 다른 말이 곧 '나의 메시지를 청자가 올바르게 지각하게 했다' 또는 '내가 화자의 메시지를 올바르게 지각했다'이기 때문이다.

당신도 불통이다

summary

● **용어의 정의** ●

❶ **의사소통 프로세스** : 화자 – 재료 – 부호화 – 메시지 – 전달 통로_{채널} – 지각 – 청자 – 반응

❷ **재료** : 말할 거리, 말을 하게 되는 동기로 과다 축약, 누락해서는 안 된다.

❸ **부호화** : 재료를 문자, 숫자, 그림 등의 기호로 만들어 메시지화하는 과정. 효과적인 부호를 선택하는 것이 중요하며 듣는 사람이 받아들이기 쉬운 청자의 언어를 택하는 것이 중요하다.

❹ **메시지** : 화자가 전달하려는 내용. 의도

❺ **전달 통로** : 채널이라고도 하며 메시지를 어떤 방식으로 전달하는가의 문제이다. 대면, 전화, 문서 등이 있다.

❻ **지각** : 사람이 사물, 현상을 인지 체계로 받아들여 이해하는 과정. 지각의 과정에서 자기만의 고유한 가치 체계, 습관으로 사물을 인지할 때 오해가 발생한다. 지각 선택, 지각 조직, 지각 해석의 3단계로 이루어진다.

❼ **반응** : 청자가 화자의 메시지를 들었다는 표시 또는 이해한 내용을 확인하는 과정. 반응을 보여줌으로써 청자와 화자의 불일치를 막을 수 있다.

● **생각해 볼 내용** ●

❶ 내가 지각한 내용이 당연히 맞을 것이라고 착각하지는 않는가? 화자의 의도는 다른 데 있었던 것은 아닐까?

❷ 상사가 자신의 지식, 경험에 기대어 업무를 지시할 때 구성원이 모르는 용어를 사용하지는 않는가?

❸ 보고서를 작성할 때 이해하기 쉬운 용어를 사용하여 표현하는가?

❹ 업무 지시를 받았을 때 목표, 중간보고 시점, 마감 기한을 확인하고 일을 시작하는가?

나는 화자의 원래 의도에
맞게 이해했을까?

앞에서 살펴본 의사소통 프로세스에서 가장 중요한 것은 지각
이다. 여기서 중요하다의 의미는 가장 고치기 어렵다는 뜻이다.
소통의 성립 여부로 중요성을 따진다면 어느 하나 우열을 가리기
힘들다. 재료, 부호화, 전달 통로, 소통 환경, 지각, 반응 등 무엇
하나 빼놓고는 이야기할 수 없다. 그래도 다른 것들은 노력에 따
라 고치기가 비교적 쉽다.

하지만 지각은 다르다. 인간의 머리에 고착된 생각이 쉽게 고쳐
질 리 없다. 여기서 더 중요한 것은 자신의 지각이 잘못되었다는
것을 알면서도 의도적으로 그것을 고수하기도 한다는 사실이다.
이런 사람과는 애초에 소통이 불가능하다.

그렇다면 이 어려운 지각 오류를 고쳐서라도 잘해야 하는 이유는 무엇일까? 바로 앞에서도 언급한 인지적 일관성 때문인데 인간은 지각의 결과로 사물과 현상에 대한 자신만의 인상을 가지고 태도를 결정하고, 그에 따라 행동하게 된다. 오해로 인해 적대감을 가진 대상과는 말을 하기도 싫거니와 더 나아가 적대적 행위를 하게 되는 것 자체도 지각으로부터 비롯된 것이다. 그것이 정말 오해라면 우리는 청자가 인지한 지각 세계와 화자가 처음 보유한 사실 세계가 다르다고 말할 수 있다.

이인석 서강대학교 교수의 『조직행동이론2015』에 언급된 아래의 회장님과 총무이사의 이야기는 사실 세계와 지각 세계가 일치하지 않았을 경우 일어나는 사례를 잘 보여 준다.

'기업의 회장님들 입장에서 경영 환경은 언제나 위기상황이다. 어느 해 시무식에서 회장님은 여느 때와 다름없이 의례적인 말로 국내외 경기가 좋지 않으니 모두들 근태 관리에 만전을 기해 달라고 이야기했다. 여기서 근태란 근무 태도를 의미하는 것으로 늘 잘해왔듯 자신의 위치에서 최선을 다해달라는 사실 세계에 입각하여 신년사를 했던 것이다.

이때 우리의 부지런한 총무이사님의 지각 세계는 좀 달랐던 모양이다. 회장님이 직원들의 출퇴근, 근무 규칙 준수에 대해 불편한 생각을 가지고 있다는 생각이 들었던 것이다. 이것은 총무이사의 지각 세계이며 사람은 자신이 지각한 대로 행동한다고 했다. 이사님이 무슨 일을 했을까? 정문 경비실에 전화하여 점심시간인 12시 전에 밥을 먹으러 나가는 사람들의 이름을 적게 했다.'

드라마 〈응답하라 1988〉에서 정봉이안재홍 역와 미옥이이민지 역가 종로 '반줄'에서 만나자고 약속하고서도 만나지 못한 이유도 화자의 사실 세계와 청자의 지각 세계가 달랐기 때문이다. 그들은 자신의 지각 세계대로 행동했기 때문에 만날 수가 없었다. 미옥이의 사실 세계는 반줄 1층이고 정봉이의 지각 세계는 2층이었다. 의사소통의 과정에서 반응, 피드백이 중요한 이유는 이 사실 세계와 지각 세계의 불일치를 막을 수 있는 예방책이 되기 때문이다. 반줄에서 만나자고 했을 때 1층인지 2층인지 한 번만 더 물어봤더라면, 그래서 화자의 사실 세계를 확인했더라면 어땠을까? 그토록 오래 기다리다 집으로 돌아오는 일은 없었을 것이다.

또한 과거 〈가족오락관〉이란 TV 프로그램에서 출연자들이 한 줄로 선 뒤 큰 소리로 음악이 나오는 헤드폰을 쓰고 입모양만으로 앞사람이 전하는 단어를 다음 사람에게 전달하는 게임을 본 적 있을 것이다. 대개 첫 번째 사람의 사실 세계와 마지막 사람의 지각 세계는 달라도 너무 달랐다.

여기서 내가 겪었던 실제 사례를 하나 소개해 본다. 아이를 키우면서 소아청소년과에 가서 약을 처방받아 본 사람들은 알겠지만 아이들은 알약을 잘 삼키지 못하기 때문에 가루약을 물약과 함께 준다. 그리고 용량을 정확히 지켜서 먹일 수 있도록 빈 약병도 하나 준다. 어느 날 딸아이를 데리고 소아청소년과에서 약을 처방받은 적이 있다. 마침 바로 옆이 빵집이라 빵도 사고 약도 먹일 겸 빵집에 들어갔다. 그리고 그 빵집에서 약을 정량에 맞추어 넣고 아이에게 먹였다. 그런 다음 약병에 묻어있는 약의 잔량을 알뜰히 먹이기 위해 빵집 직원에게 약병에 먹는 물을 좀 담아 줄 수 있겠느냐고 부탁했다. 결과는 어땠을까? 직원은 친절하게도 약병을 깨끗하게 헹군 후 새 물을 넣어 주었다.

나의 사실 세계는 '약을 정량에 맞게 먹이려고 하니 이 약병 그대로 먹는 물을 담아 주세요'였고 빵집 직원의 지각 세계는 '아이에게 물을 먹이려고 하니 먹는 물을 좀 담아 주세요'였던 것이다. 당연히 사람은 자신이 지각한 대로 행동하므로 직원은 약을 깨끗하게 씻어서 물을 담아 주었다.

왜 이런 결과가 생겼을까? 소통의 관점에서 보자면 둘 모두의 책임이다. 화자인 나는 청자가 지각 선택을 잘 할 수 있도록 청자의 언어를 사용하지 않았고, 청자는 자신의 지각 세계에 대한 확신으로 반응을 보이지 않았다. 아마도 빵집 직원이 젊은 학생이었던 것으로 보아 아이를 키워본 경험이 없었을 것이다. 그래서 아이에게 약을 먹일 때면 으레 먹이고 난 약병에 물을 담아 약의 잔

량까지 먹일 것이라는 생각을 하지 못했을 것이다.

그렇다면 내가 좀 더 알아들을 수 있는 말로 상황을 설명했어야 했다. 반대로 청자인 그 직원은 자신이 생소하게 겪는 상황이므로 '여기에 그대로 담아 드리면 될까요? 씻어서 새 물을 드릴까요?'라고 물어봤더라면 화자의 사실 세계를 확인할 수 있었을 것이다.

사람들은 대체로 자신에게 너무나 익숙한 상황은 다른 사람도 이미 알고 있을 것이라 착각하여 청자의 언어를 사용하기보다 화자의 언어를 사용하는 습관이 있다. 반대로 청자는 자신이 인지한 지각 세계가 당연히 사실 세계와 일치할 거라고 생각한다. 그래서 자기 마음속에 인지한 내용을 다시 한 번 확인하는 일을 생략하고 행동으로 옮기는 경우가 많다. 그러나 한 번 행동으로 옮겨진 지각 세계는 되돌릴 수가 없다.

그렇다면 이토록 중요한 지각을 올바르게 하는 방법은 무엇일까? 지금부터 지각에 대한 보다 상세한 정의와 각 단계마다 오류를 줄이는 방법을 알아보자.

● **용어의 정의** ●

❶ **사실 세계** : 의사소통의 과정에서 화자가 말하려고 하는 원래 의도

❷ **지각 세계** : 화자가 말한 의도를 청자가 이해한 내용. 사실 세계와 지각 세계가 일치했을 때 소통이 되었다고 말한다.

❸ **인지적 일관성** : 사람은 자신이 지각한 대로 태도를 취하고, 태도를 취한 대로 행동한다는 뜻으로 모든 출발점인 지각의 중요성을 일깨운다.

● **생각해 볼 내용** ●

❶ 회사에서 상사가 지시한 내용을 그대로 수행했는데 보고할 때 '왜 엉뚱한 일을 했냐'는 말을 들은 적이 없는가?

❷ 과연 내가 한 말을 청자는 올바르게 이해했을까? 청자의 반응만을 기다리기보단 화자로서 나의 사실 세계와 그의 지각 세계가 일치하고 있는지 다시 한 번 확인해 보자.

❸ 조직에서 비전을 구체화하고 개인별로 사명 선언문을 만드는 이유는 무엇일까? 바로 조직의 비전과 개인의 행동을 일치시키기 위해서다. 지금 내가 수행하는 일은 조직의 사명과 비전에 맞게 정렬되고 있는가?

의사소통의 최전선,
지각

스마트폰을 이용해 제주도 한림읍의 보말 칼국수에 대한 글을 읽고 있는 행위는 '사람이 오감 중에 시각을 이용하여 제주도 보말 칼국수에 대한 내용을 다룬 문자를 받아들여 자신의 준거체계로 해석하고 있다'로 바꿀 수 있다. 즉 문자로 된 글을 지각하고 있는 행위이다.

그런데 인터넷에는 메인 페이지만 하더라도 수많은 제목의 글이 게시된다. 이 사람은 그 중에 왜 하필이면 제주도의 칼국수에 대한 글을 읽고 있는 걸까? 아마도 다가올 어느 날에 제주도로 여행 가기로 되어 있는 것은 아닐까? 여행에 대한 욕구, 여행에 의한 동기가 그와 관련된 글을 선택적으로 지각하게 한 것은 아닐까?

당신도 불통이다

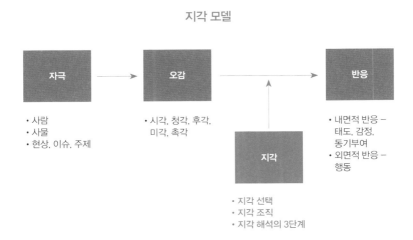

지각 모델

- 자극
  - 사람
  - 사물
  - 현상, 이슈, 주제

- 오감
  - 시각, 청각, 후각, 미각, 촉각

- 지각
  - 지각 선택
  - 지각 조직
  - 지각 해석의 3단계

- 반응
  - 내면적 반응 – 태도, 감정, 동기부여
  - 외면적 반응 – 행동

결혼을 앞둔 사람은 길을 걸어가다가도 부동산 창문에 붙어 있는 아파트 전세 가격을 보게 되면 자연스레 발길이 멈추고 주식을 보유하고 있는 사람이 스마트폰을 열면 증권 시세가 먼저 눈에 들어올 확률이 높은 것도 대상을 선택적으로 지각하는 행위다.

··· 지각 선택 ···

의사소통을 이야기하면서 지각, 특히 지각의 첫 단계인 선택을 강조하는 이유는 아무리 좋은 말과 글이라도 상대가 주의를 기울여 받아들이고자 선택하지 않으면 그 다음 과정은 아무런 의미가 없어지기 때문이다. 인간은 자신이 관심 있는 것을 골라서 지각하고자 하는 습관이 있다. 자신이 관심 있는 것, 친근한 것, 진

부하지 않고 새로운 것을 골라서 들으려 한다.

언어가 다른 사람들이 만나는 경우는 지각 선택의 극단적인 사례이다. 중국어를 모르는 사람에게 중국어로 이야기하면 지각 선택이 되지 않기 때문에 소통 자체가 안 된다. 이처럼 지각 선택은 지각이라는 인지 과정의 제1단계에 해당한다. 화자의 메시지가 일단 청자의 귀에 들어가게 하는 것이 중요하다. 그 후에 메시지를 머릿속 작업대 위에 올리고 자신의 준거 체계로 해석하는 단계까지 이어지게 된다.

소개팅을 가는 친구에게 뭐라고 조언하는가? 가서 네 얘기만 하지 말고 상대가 관심 있는 것에 대해 물어보고 상대가 말하는 것을 잘 들어주라고 하지 않던가? 사람은 자신이 관심 있는 것을 먼저 받아들이기 때문이다. 관심 있는 것을 물어보면 내 말을 더 잘 선택할 것이고 또 그 자체가 소통을 위해 노력하려는 것으로도 비춰질 수도 있어 플러스 요인이 된다.

··· 지각 조직 ···

지각의 2단계는 지각 조직이다. 지각 조직이란 선택되어 눈과 귀에 들어온 자극을 자신이 원하는 방향으로 해석하기 위해 재결합하는 과정을 말한다. 사실, 올바른 지각을 위해서는 필요 없는 과정이다. 대상을 있는 그대로 해석하기 위해서 변형되지 않은 모습 자체로 해석을 하는 것이 옳기 때문이다. 앞에서 언급한 투사는 대표적인 지각 조직의 오류이다. 아버지를 살해했다는 의심을 받는 18세 소년이 피의자석에 앉아 있을 경우, 소년을 지각할 때 단지 이 사건과 관련된 사실만으로 해석을 시도해야 한다. 하지만 3번 배심원은 그렇지 않았다. 애써 키워났더니 집을 나가버려 2년 동안이나 얼굴을 보지 못한 자신의 미운 아들을 피의자 소년에게 덮어씌운 채 대상을 재조직하여 받아들였던 것이다. 해석할 대상이 이미 왜곡되었는데 올바른 해석이 이루어질 리 없다. 사람은 자신이 해석한 대로 즉, 자신이 지각한 대로 태도를 취하기 때문에 불통의 결과만이 기다릴 뿐이다.

··· 지각 해석 ···

지각은 사람이 선택한 자극을 머릿속 작업대 위에 올려놓고 준거 체계에 의해 해석하는 것으로 마무리된다. 대상을 해석한다는 것은 '의미를 부여한다'의 다른 말이다. 사람들이 같은 것을 보고도 다르게 해석하는 것은 저마다의 성격, 살아온 경험, 현재의 욕구, 가치관이 다르기 때문이다. 독립된 대상을 보고 해석을 달리하는 것은 창의성이라 할 수 있지만 의도가 분명한 화자의 메시지를 다르게 받아들이는 것은 불통이다.

지각 해석 오류의 대표적인 것이 확증편향, 고정관념, 귀인 오류이다. 이미 마음속에 정답을 정해 놓은 채 자신의 주장을 뒷받침할 증거만을 수집하거나 편향된 시각으로 대상을 바라보는 행위, 잘된 결과의 원인은 자신에게서 찾고 잘못된 결과의 원인은 남이나 외부 환경에서 찾는 행위를 말한다.

소통은 주어진 자극을 선택하고 임의로 재조직하지 않은 채로 객관적으로 해석하여 자극의 참의미를 있는 그대로 받아들일 때 가능하다. 말 그대로 트여서 통하는 것이다. 우리의 목적은 소통이다. 소통의 문제를 해결하려면 어떻게 해야 할까? 문제 해결의 1단계는 문제의 대상을 분해하는 일이다. 우리는 이미 앞의 의사 소통 프로세스에서 소통의 과정을 분해했다. 그렇다면 원인과 해법도 그 외의 곳에 있을 리 없다. 화자가 재료를 부호화하여 메시지를 만드는 과정, 전달하는 과정, 청자가 지각하는 과정, 청자의 반응 방식 속에 답이 있다.

당신도 불통이다

● 용어의 정의 ●

❶ **지각 선택** : 사물, 현상, 메시지가 사람의 눈, 귀 등의 오감에 의해 포착되는 것을 말한다. 같은 빵 냄새도 배고픈 사람이 지각 선택을 더 잘한다. 따라서 청자가 알아들을 수 있는 언어로 관심 있는 내용을 말할 때 더 잘 받아들인다.

❷ **지각 조직** : 선택된 자극을 사람이 임의로 변형하는 것을 말한다. 동일한 자극도 받아들이는 사람의 경험, 욕구에 따라 각자의 입장에 맞게 변형하여 해석을 시도한다.

❸ **지각 해석** : 선택된 자극을 자신의 준거 체계에 따라 의미를 부여하는 과정이다. 해석의 결과로 자신이 대상, 현상을 인지했다고 생각한다.

● 생각해 볼 내용 ●

❶ 상대가 내 말을 잘 선택하도록 크게 말하는가? 반복하여 말하는가? 상대가 잘 아는 용어를 사용하는가?

❷ 현상을 바라볼 때 과거의 나쁜 기억을 꺼내 현상을 변형시킨 채 내 머릿속 작업대 위에 올린 적이 없는가?

❸ 나는 근거를 수집한 후 주장을 하는 사람인가? 주장을 하고 근거를 모으는 사람인가?

영화 속 낯설지 않은 인간 군상들

이 책을 읽는 분들은 영화 〈열두 명의 성난 사람들〉을 보기를 권한다. 소통을 방해하는 많은 지각 오류 사례를 이 영화에서 가져왔기 때문에 영화와 함께 책을 읽는다면 관련 내용이 이미지로 떠올라 이해에 도움이 될 것이다. 베를린 영화제 황금사자상 수상작인 이 영화를 보다 보면 시간 가는 줄 모르고 빠져들 것이다.

이미 많은 의사소통에 대한 책에서 '이런 불통의 경우엔 이것이 잘못되었다, 이럴 땐 이렇게 소통하라' 등 문제와 해법을 제시하여 이론적으로 잘 정리해 놓았지만 머릿속에 쉽게 그려지지 않을 수 있다. 반면에 영화는 영상이 눈 앞에 바로 그려지지만 그 장면의 숨은 뜻을 파악하는 것이 쉽지만은 않다. 따라서 영화와 함께

이 책을 읽는다면 '아, 그때 그 장면은 이런 소통의 잘못을 범한 것이구나'하고 빠르게 이해할 수 있을 것이다.

〈열두 명의 성난 사람들〉은 열두 명의 배심원들이 친부 살해 용의자로 지목받는 18세 소년의 유무죄를 평결하기 위해 96분 내내 토론을 벌이는 내용의 영화이다. 배심원 토론의 결과에 따라 유죄라면 소년은 사형을 면치 못하고 무죄라면 재판을 다시 받게 되는 상황이라 사안이 절대 가볍지 않다. 그래서 열두 명의 배심원들은 6일 동안 재판 과정을 지켜보면서 얻은 정보인 목격자의 증언과 검사, 변호사의 주장을 종합하여 토론 과정에서 자신의 유무죄 입장을 표명하고 의견이 다른 사람을 설득해 나간다. 토론의 결과가 유죄든 무죄든 만장일치로 결정이 나야 그들도 배심원실을 나갈 수 있기 때문에 영화는 끝장 토론을 보는 듯 긴장감 있게 진행된다.

··· 불통자들 ···

영화 속에서는 3번 배심원과 같은 사람이다. 만약 이 사람이 가족 중에 있다든지 조직 내에 있다면 참 피곤하겠다는 생각이 든다. 의사소통이란 상호간에 의견이 오고 가는 것을 뜻하는데 이 사람은 한결같이 일방통행이다. 상황에 대해 의견을 나누고 때에 따라 내 주장을 바꿀 수도 있다는 생각은 전혀 하지 않는다. 이미 주장은 확고하게 정해져 있고 모든 증거는 주장에 따라 선택적으로 맞춘다. 상황을 반전할 만한 결정적 증거가 나와도 꿈쩍하지 않는다. 무엇이 이 사람을 이렇게 만들었을까? 이 사람의 머릿속에 형성되어 있는 지각의 방식은 어떤 개인의 역사적 배경을 통해 만들어진 걸까? 영화를 볼 때 그것에 주목해야 한다. 그리고 중요한 건 혹시 나는 저런 적이 없었는지 생각해 보는 일이다.

한편 10번 배심원은 3번 배심원처럼 확고한 자기 생각에 사로잡혀 있지만 자기주장을 위해 많은 증거를 수집하기 보다는 그저 자신의 직관을 믿는다. 그게 심각한 고정관념 때문이라는 사실도 모르고 말이다.

··· 보통 사람들 ···

영화 속에는 선한 보통 사람들이 대부분이다. 이들은 6일간의 재판 과정을 통해 형성한 자신만의 생각을 저마다 가지고 있지만 합리적인 토론이 이루어진다면 충분히 자신의 의견을 바꿀 수 있는 사람들이다. 다만 이들은 적극적 소통자들은 아니다. 누군가 그들에게 질문해 주고 대화를 이끌어 주지 않으면 자신의 속에 있는 것을 기꺼이 꺼내 놓지 않는다. 조직에서 보자면 자기 일만 정해진 매뉴얼대로 묵묵히 하는 사람들이다.

여기서 리더의 중요성이 부각된다. 이들의 마음속에 있는 것을 끌어낼 수만 있다면 토론이 더 수준 높아지고 조직에서는 아이디어가 풍성해질 수 있다. 세상에 나쁜 구성원은 없고 나쁜 리더만 있다는 말이 있듯이 영화 속 토론의 과정을 통해 리더의 역할이 무엇인지 생각해볼 수 있다.

⋯ 주도자들 ⋯

영화 속에는 남의 의견에 일방적으로 휘둘리거나 자신의 고정된 시각에 의해서 세상을 바라보기보다 '왜 그럴까?'라는 합리적 의심을 품고 상황을 보려는 사람들이 있다. 스스로 질문을 던지고 토론에 참여한다. 당장은 훌륭한 리더까지는 아니더라도 리더와 더불어 주도적으로 팀을 이끌어갈 만한 능력이 충분히 있다. 그리고 환경이 뒷받침 된다면 조직 내에서 리더로 성장할 수도 있는 사람들이다. 이들이 어떻게 균형 잡힌 시각을 가지고 토론에 임하는지 눈여겨 볼 필요가 있다.

⋯ 스스로 판단하지 못하는 사람들 ⋯

살다보면 꼭 내가 관심 있는 분야에 대해서만 대화할 수 있는 것은 아니다. 상대는 관심이 많은 주제이지만 나는 그렇지 못해 별로 이야기할 내용이 없거나 대화 자체에 흥미를 느끼지 못할 때도 있다. 그러나 그럴 때에도 대화에 임해야 하는 것이 사람 사는 모습이다. 이럴 때 경청도 하고 내 의견도 제시한다면 상대에게 더 신뢰를 얻을 것이다.

그런데 영화 속에는 내가 관심 없는 주제라고 해서 마음에도 없는 말을 하거나 이리저리 끌려 다니기만 하는 사람도 볼 수 있다. 이 장면 역시 우리를 완전히 자유롭게 하지는 못한다. 우리도 한 번쯤은 그랬을 법 하기 때문이다.

··· 강력한 자기만의 논리로 무장한 사람 ···

이 사람은 쉽게 감정에 휩싸이지 않는다. 다른 사람을 납득시키기 위한 자기만의 논리를 갖추고 어지간한 주장에는 잘 설득당하지 않는다. 자존심이 강하지만 억지에 의한 자존심은 아니다. 그래서 강력한 실증적 증거가 나타나면 기꺼이 자신의 주장을 바꾸기도 한다. 풍성한 토론, 조직 다양성을 위해서는 반드시 필요한 존재다.

영화에서는 이런 사람들이 뒤섞여 96분간 대화를 한다. 어찌 보면 특별한 상황은 아니다. 그저 우리가 사는 모습의 한 단면일 뿐이다. 영화 속 열두 명의 인물로부터 배워야 할 것과 피해야 할 소통 방식을 찾을 수 있을 것이다.

● **열두 명의 성난 사람들** 12 Angry Men ●

감독 : 시드니 루멧

작품연도 : 1957년, 미국 작품

주연 : 헨리 폰다

수상 : 1957년 베를린 영화제 황금사자상

기타 평가 : 미국 영화연구소 선정 역대 법정영화 2위

● **생각해 볼 내용** ●

❶ 나는 조직에서 벌어지는 회의나 일상적인 토론에서 불통자, 보통 사람, 주도자, 스스로 판단하지 못하는 사람, 강력한 자기만의 논리로 무장한 사람 중 어디에 해당하는가?

❷ 만약 3번 배심원 같은 사람이 나의 상사라면 어떻게 대할 것인가?

PART 2

메시지를 객관적으로 만들어라

상사한테 혼난 아빠는
왜 딸에게 화를 낼까?: 투사

"오늘 기분도 안 좋은데 한 놈만 걸려라"

이것은 자신에게 생긴 기분, 나쁜 감정을 의도적으로 다른 대상에게 뒤집어씌우겠다는 뜻이다. 오늘 그 의도에 걸려든 사람은 참 억울할 것 같다.

"지난번에 받아쓰기 시험에서 70점 맞았을 때는 아빠한테 혼나지 않았는데 어제는 똑같이 70점을 맞고도 혼났어. 아마 어제 회사에서 무슨 일이 있으셨던 모양이야"

여기서 아빠는 70점이라는 동일한 대상을 다르게 메시지화 했다. 올바른 소통자는 동일한 대상을 동일하게 지각한다. 그렇게 하지 못한 사람은 대상을 객관화하지 않고 지각했다는 뜻이 된다. 그렇다면 어제, 아빠는 대상을 주관화했다는 뜻이 되는데 70점이라는 대상에 그 날 있었던 다른 나쁜 감정을 덧씌운 채 메시지를 만들었다는 의미이다.

투사란 '던지다, 쏘다'라는 의미로 사람이 자신에게 형성된 감정을 기반으로 다른 대상에게 의미를 부여하거나 타인과 소통을 시도하는 것을 말한다. 또는 자신이 가진 감정이나 생각을 타인도 똑같이 가지고 있을 것이라고 생각하는 것을 말하기도 한다.

먼저 자신에게 형성된 감정을 다른 대상에게 투영한 채 소통하려는 경우를 보자.

'오늘 기분도 안 좋은데 한 놈만 걸려라'

이 말은 다른 일로 생긴 나쁜 감정을 엉뚱한 사람에게 돌리는 사례다. 받아쓰기의 경우도 마찬가지다. 70점이라는 결과는 지난번이나 어제나 변함이 없다. 그런데 회사에서 별일 없었던 지난번과는 달리 상사한테 혼난 어제의 아빠는 같은 70점이 다르게 보였던 모양이다. 상사에게 혼나서 생긴 나쁜 감정을 집으로 끌고와 70점에 투사한 채 딸과 대화를 시도했다. 대상을 내 마음대로 변형한 지각 조직의 오류다.

조금 다른 예로 어떤 사람이 자식에게 다른 것에 대해서는 관대한데 아이가 남 앞에서 발표를 잘하지 못한다는 말을 들었을 때는 몹시 화를 낸다. 이런 경우 자신이 학창 시절에 수줍음이 많아

발표를 못했을 가능성이 있다. 자신의 열등감을 자식에게 던지는 것이다. 또는 외국어를 못하는 사람이 유독 청소년들의 무분별한 외래어 사용을 못마땅하게 여기고 과도하게 비난하는 것도 유사한 사례라 할 수 있다. 또한 시어머니에게 혼난 며느리가 시어머니 앞에서 자식을 혼내는 경우도 마찬가지다.

　이 글을 쓰는 나 역시 투사에 있어서만큼은 자유롭지 못하다. 아마도 최대 피해자는 나의 큰 딸일 것이다. 손톱을 물어뜯을 때, 김치는 거들떠도 안 보고, 계란 프라이는 노른자만 쏙 빼고 먹을 때, 시력 교정 중인 안경을 불편하다고 자꾸만 벗어 놓을 때, 나는 딸을 참 일관성 없게 혼낸다. 글이 잘 안 써지고 강의 준비가 잘 안 될 때 평소에는 별 일 아니었던 것들을 왜 그렇게 크게 만들어서 혼을 냈는지 후회가 되지만, 내일부터는 절대 그러지 않겠다고 장담도 못하고 있다. 이렇게 자신의 감정을 엉뚱한 대상에 던져서는 올바른 메시지를 형성할 수 없다. 그런 메시지로는 소통이 안 되는 것이 당연하다. 소통은커녕 싸움의 씨앗이 된다.

　내가 가진 감정이나 생각을 타인도 동일하게 가지고 있을 거라 생각하는 경우를 살펴보자.

　"자, 오늘 우리 팀 회식인데, 마침 비가 오네. 비올 땐 파전에 막걸리지. 오늘 회식은 막걸리 집으로 가자고"라며 팀장님이 팀원들을 데리고 간다. 이 역시 투사다. 비가 오면 자신은 파전에 막걸리가 생각날지 몰라도 팀원들은 치킨에 맥주가 생각날 수도 있고 감자탕에 소주가 생각날 수도 있다. 그런데 내가 가진 비오는 날에 대한 감정을 타인도 가지고 있을 거라고 생각하고 던진 것이다. 현상을 객관적으로 보지 않고 주관적으로 변형하여 본 것이다.

비슷한 사례로 회사에서 상사가 직원에게 일을 시킬 때 업무 마감일을 짧게 잡거나 업무 지시를 세세하게 하지 않는 경우도 투사에 해당한다. 상사는 자신이 처음 입사했을 때 업무에 미숙했던 기억은 잊어버린 채 현재 능숙한 자신의 모습만을 생각하기 쉽다. 그러므로 직원도 이정도의 일은 며칠 정도면 할 수 있을 것이라고 생각하고 마감일을 짧게 잡는 것이다. 사실 직원은 아직 그 정도의 경험과 역량을 갖추고 있지 못한데도 말이다.

자신이 알고 있는 것을 부하직원도 당연히 알고 있을 것이라고 생각해서 업무 지시를 자세하게 하지 않는 것도 마찬가지다. 그러고선 직원이 되물어 보면 그것도 모르냐고 타박한다. 내가 알고 있는 것을 남도 알고 있을 것이라고 생각하는 지식의 저주와도 같은 말이다. 스타플레이어 출신의 운동선수는 훌륭한 감독이 되기 어렵다는 말도 맥을 같이 한다고 볼 수 있다.

소통은 메시지를 만들고 전하고 받고 상대를 공감하는 일의 순환이다. 순환의 고리 중에 하나라도 제대로 작동하지 않으면 금세 불통이 되고 만다. 투사는 메시지를 객관화하고 상대를 공감하는 일을 방해한다. 대상을 바라볼 때 늘 자문하자. 내가 지금 대상을 독립적으로 객관적으로 보고 있는가? 그리고 나에 대해서는 자기인식 여부를 점검하자. 지금 나의 감정 상태는 어떠한가? 이 감정은 어디서 왔는가? 내가 혹시 이 감정을 기반으로 다른 대상을 보려고 하지는 않는가? 내가 지금 엉뚱한 사람에게 화풀이 하고 있지 않은가? 이것이 투사를 막는 길이다.

summary

● 용어의 정의 ●

투사 : 나에게 형성된 감정을 다른 대상에게 투영하거나 내가 가진 경험이나 가치 기준을 다른 사람도 동일하게 가지고 있을 것이라 생각하는 것.

● 생각해 볼 내용 ●

❶ 가정이나 직장에서 내가 기분이 좋을 때와 나쁠 때 사람을 대하는 방식이 완전히 다르지는 않은가?

❷ 자녀에게 공부를 가르칠 때, 부하 직원에게 업무를 지시할 때 "이런 것도 몰라?"라고 말한 적은 없는가?

다른 증거는 버리라면서요?: 행위자 – 관찰자 편향

의사소통은 말하는 사람의 생각이 듣는 사람에게 온전히 받아들여지는 것을 의미한다. 이렇게 되었을 때 트일 소疏, 통할 통通을 써서 소통이 되었다고 한다. 소통이 잘 안되게 하는, 일상에서 흔히 범하는 실수 몇 가지를 들어보면 다음의 것들이 있다.

첫째는 목소리가 작은 경우다. 메시지가 상대에게 들릴 수 있게 하려면 크게 말해야 된다. 그것이 글이라면 알아볼 수 있게 또박또박 써야 한다. 둘째로 상대가 아는 언어여야 한다. 이것은 한국어, 중국어와 같은 언어의 국적도 포함하지만 같은 나라 말 중에서 상대에게 익숙한 용어를 사용하는 것도 포함된다. 셋째는 같은 이야기를 반복하거나 상대가 듣기 싫어하는 메시지를 전달하려 하면 아무리 노력해도 상대가 받아들이길 거부한다. 그리고 넷째는 화자가 형성한 메시지에 객관성과 타당성이 있는지 여부다. 부모가 자기들은 TV를 보고 있으면서 아이들에게는 TV 좀 그만 보고 들어가서 공부하라고 하면 소통이 될 리가 있겠는가? 이번에 말하고자 하는 행위자 - 관찰자 편향_{Actor-observer bias}이란 바로 이 메시지 형성의 객관성과 타당성에 관한 이야기이다.

··· 행위자 – 관찰자 편향 ···

소통을 이야기할 때 메시지를 전달하는 방법 또는 경청을 먼저 이야기하기 쉽지만, 화자에 의해 형성된 메시지가 애초에 청자에게 받아들여질 성격의 것이 아니었다면 소통을 위한 그 어떤 비법도 소용이 없게 된다. 메시지 형성은 자신의 역사적 결론에 영향을 받기도 하지만 대상을 바라보는 위치에 의해서도 결정된다.

행위자 - 관찰자 편향이란 사람이 다른 사람의 행동을 볼 때와 자신의 행동을 볼 때의 차이를 말한다. 더 정확하게 말하자면 다른 사람의 행동은 내 눈에 전체화면으로 들어오지만 나의 행동은 내가 행위의 당사자이므로 눈에 들어오지 않는다. 사람은 보이는 것의 잘못을 더 잘 지적하기 마련이다. 횡단보도에서 빨간불일 때 건너가는 사람은 내 눈에 전체화면으로 들어온다. 우리는 겉으로 말은 안 해도 그런 사람을 보자마자 속으로 비판을 가하기 시작할 것이다. 그런데 만약 내가 빨간불에 건넌다면 스스로 어떻게 생각할까? 그 장면은 내 눈에 들어오지 않으므로 규칙을 위반하는 장면이 적나라하게 다가오지 않아 비판을 가하지 않는다.

운전을 할 때도 마찬가지다. 방향 지시등을 켜지 않고 내 차 앞을 끼어드는 차는 내 눈에 온전하게 들어와서 나의 비난을 피할 수 없다. 그러나 내가 급하게 끼어들 때는 어떠할까? 그 잘못의 장면이 내 눈에 들어오지 않으므로 남들의 잘못처럼 비판할 마음이 생기지 않는다. 이것이 바로 행위자 - 관찰자 편향에 따른 메시지 형성의 오류다.

나도 비슷한 잘못을 많이 하면서 남의 잘못에 대해서는 더 비판적인 메시지를 형성한 후에 사람을 대하니 그 메시지가 상대에게 온전하게 전달될 리가 있겠는가? 상대의 입장에서는 '너는 얼마나 잘 하기에'라는 말을 하고 싶을 만도 하다. 그러므로 상대의 행위에 대해 메시지를 만들 때 '나는 이런 행동을 한 적이 없는가?', '나도 이런 경우가 많은데 인지하지 못하고 있는 것은 아닐까?'하고 생각해 봐야 한다. 그것이 행위자 - 관찰자 편향의 오류를 피하는 길이다.

··· 영화 속 3번 배심원의 행위자 – 관찰자 편향의 오류 ···

어쩌면 소통은 노력의 과정으로 이루어지는 것이라기보다 처음부터 소통하고야 말겠다는 마음가짐에서 결론이 나는 것은 아닐까? 최근에 누군가와 소통이 되지 않았던 사례를 떠올려 보자. 대화를 이어가면서 서로 반대되는 의견이 나왔을 때 나와 상대방이 서로의 잘못을 인정하고 주장을 바꾼 적이 있는가? 그랬다면 소통은 성공적으로 끝이 났을 것이다. 하지만 대부분의 불통은 애초부터 서로가 자신의 주장을 바꿀 생각이 없었던 데서 기인한다. 앞에서 언급한 행위자 - 관찰자 편향의 오류도 상대방의 잘못은 시야에 잘 들어오고 나의 잘못은 잘 보이지 않는 데서 기인하기 때문에 인식의 방법 차이 같아 보이지만 사실은 처음부터 내 잘못은 인식하려 들지 않아서인지도 모른다.

〈열두 명의 성난 사람들〉에서 4번 배심원은 확고한 자기주장과 근거로 마지막까지 유죄를 주장한 사람 중에 한 명이지만 자신이 납득할만한 근거가 나오자 "의심할만한 타당한 증거가 나왔소"라며 의견을 유죄 추정에서 무죄 추정으로 바꾼다. 하지만 그와 함께 끝까지 유죄를 주장하던 3번 배심원은 어떠한 타당한 증거에도 자신의 입장을 바꾸지 않고, 오히려 현상을 바라보는 자신의 관점을 상황마다 바꿔가며 자신의 최초 주장을 지켜 나간다. 그가 범한 행위자 - 관찰자 편향의 오류를 찾아보자.

판사의 심리가 끝나고 배심원들은 배심원실로 들어간다. 들어가자마자 유무죄의 의견을 묻는 투표를 실시하게 되는데, 첫 배심원단 투표에서는 유죄 11표, 무죄 1표가 나온다. 그 후 영화 후반부에 이르면 유죄 3표, 무죄 9표로 상황이 역전되기에 이른다. 토론의 결과로 여덟 명의 배심원이 자신의 주장을 바꾼 것이다. 그들이 자신의 의견을 바꾼 이유는 토론을 통한 합리적인 의심이 제기되었기 때문이다. 대표적인 의심 정황은

❶ 증인으로 출석한 아래층에 사는 노인은 살인 사건이 일어난 밤 12시 10분 직전에 아버지와 아들의 다투는 소리와 함께 '죽여 버릴 거야'라고 소리를 치는 아들의 목소리를 들었다고 주장했다. 하지만 토론 과정에서 마침 사건이 일어난 시각, 아파트 옆으로 전철이 지나갔음이 밝혀졌다. 이에 배심원들은 전철이 지나가는 상황에서도 '죽여 버릴 거야'라고 말한 소년의 목소리를 듣는다는 것이 정말 가능했는지에 대한 의심이 들게 했다.

❷ 또한 아래층 사는 노인은 소년의 '죽여 버릴 거야'라는 소리가 난 후 '쿵'하는 소리가 연이어 났고 그 소리는 사람이 쓰러지는 소리였음을 짐작한 후 침대에서 일어나 현관까지 걸어가서 문을 열어 보았다고 주장했다. 그러고는 공용 계단으로 급히 내려가는 소년을 보았다고 말했다. 그리고 자신이 일어나서 현관문을 열기까지 15초 정도의 시간이 걸렸다고 했다. 하

지만 토론의 과정에서 다리를 절뚝이는 노인이 15초라는 짧은 시간에 현관문을 열고 소년이 도망가는 것을 목격하는 것은 불가능했음이 실험을 통해 밝혀졌다.

❸ 사건이 일어난 시각에 극장에서 영화를 보았다는 소년의 주장이 받아들여지지 않은 것은 그가 자신이 본 영화의 제목조차 기억하지 못했기 때문이다. 그러나 일반적인 상황에서 종종 며칠 전 일도 기억하지 못하는 것이 사람인데 극도의 긴장과 공포 상황에서 영화 제목을 기억하지 못하는 것은 충분히 있을 수 있는 일이라는 쪽으로 의견이 모였다. 실제로 마지막까지 소년의 유죄를 주장했던 사람 가운데 한 명인 4번 배심원을 테스트한 결과 그 조차도 며칠 전 본 영화의 제목을 기억해내지 못했다.

❹ 소년이 범행 당일 고물상에서 구입하고 범행에 사용했을 것으로 의심받는 칼은 몹시도 특별한 생김새를 갖추어 그와 동일한 칼을 찾아내기란 쉽지 않아 보였다. 하지만 주변 전당포에서 똑같은 칼이 발견됨에 따라 그것은 더 이상 강력한 근거가 될 수 없었다. 따라서 다른 누군가가 소년의 칼과 동일한 칼로 범행을 저질렀을 수도 있다는 개연성이 생겨났다.

❺ 아버지의 가슴에 난 상처로 보아 칼의 방향이 위에서 아래로 향했을 것으로 보이나 빈민가에서 자라고 어릴 때부터 잭

나이프를 많이 써 본 사람은 칼을 아래에서 위로 사용하는 습관이 있음이 토론 과정을 통해 드러났다. 따라서 아버지보다 키가 17cm나 작고 잭나이프를 잘 쓰는 소년이 아버지 가슴에 위에서 아래로 상처를 냈을 가능성은 적어 보인다.

상황이 이쯤에 이르자 열한 명 중에 여덟 명이 유죄에서 무죄로 돌아서고 나머지 세 명도 궁지에 몰리게 된다. 이 때 확고한 논리를 갖춘 4번 배심원이 다음과 같이 주장한다.

"지금까지 이루어진 논의로 볼 때 충분히 유죄가 아닌 것으로 생각할 만도 하다. 하지만 내가 믿는 가장 강력한 근거는 길 건너에서 사건을 직접 목격했다는 여인의 주장이 너무나 구체적이라는 것이다. 그녀는 잠을 자기 위해 11시경에 누웠지만 잠이 오지 않아 1시간 넘게 뒤척이다 12시 10분경 몸을 창문 쪽으로 돌렸고 그때 불 꺼진 전철이 지나가면서 전철 창문 마지막 두 칸을 통해 사건이 일어나는 현장을 목격했다고 증언했다. 사건 후 급하게 불이 꺼졌지만 사건이 일어나는 그 순간만은 똑똑히 목격했다고 말했다. 이렇게 구체적으로 증언하는 것을 믿지 않을 수 없다."

4번 배심원의 이와 같은 주장에 배심원실은 침묵이 흐르고 무죄의 주장을 이끌던 8번 배심원의 표정도 어두워진다. 여기에 힘을 얻은 최후의 유죄 주장자로 남게 되는 3번 배심원이 조금 전에 무죄로 마음을 바꾸었던 12번 배심원에게 묻는다.

> 3번 배심원 : "4번 배심원의 주장에 대해 어떻게 생각하십니까?"
> 12번 배심원 : "글쎄요 잘 모르겠네요. 워낙 맞춰 볼 증거가 많으니 복잡하네요."
> 3번 배심원 : "다른 증거는 다 버려요! 길 건너 여인이 직접 봤다는데 더 뭐가 필요합니까?"

이 상황은 3번 배심원이 관찰자 입장에서 본 주장이다. 자신의 주장을 뒷받침할 강력한 증거가 나오자 다른 증거들을 고려하는 12번 배심원의 행위가 못마땅했던 것이다.

그리고 나서 사건은 의외의 상황으로 완전히 뒤바뀐다. 추가적인 논의 과정에서 여인이 평소에 안경을 착용하는 사람이었던 것으로 밝혀진 것이다. 안경을 쓰는 사람이 잠자리에 들 때 안경을 쓰고 있는 경우는 없으므로 여인이 사건을 목격했다는 순간에도 안경을 쓰지 않았을 것으로 추정되었던 것이다. 따라서 사건을 똑똑히 목격했다는 길 건너 사는 여인의 주장은 설득력을 잃게 되었다. 이에 3번 배심원을 제외한 모든 배심원이 무죄로 입장을 바꾸고 3번 배심원은 최후의 의사결정을 요청받는다. 이때 그는 이렇게 말한다.

3번 배심원 : "길 건너편에 있던 여인의 목격 말고 그럼, 다른 증거는 뭐란 말입니까? 칼은 또 어떻고요?"
2번 배심원 : "아까 다른 증거는 모두 버리라면서요?"

그렇다. 그는 처음부터 자기의 주장을 바꿀 생각이 없었던 것이다. 타인이 여러 증거를 맞춰 보느라 고민할 때는 다른 증거는 버리라고 말하고, 자신이 강력하게 믿던 증거가 무용지물이 되자 다른 증거들을 맞춰보자고 말한 것이다. 이렇게 볼 때 행위자 - 관찰자, 내로남불(내가 하면 로맨스, 남이 하면 불륜의 줄임말)과 같은 것은 자신의 주장을 뒷받침하기 위해 증거를 수집하고 해석한다기보다는 확증편향의 다른 이름인지도 모른다.

··· 나를 지각 선택하라 ···

지금까지는 사람이 자신의 행위를 잘 선택하지 못하는 문제에 대해 이야기했다. 이것은 타인과 소통하는 문제이다. 하지만 인간의 삶에서 무엇보다 중요한 소통은 자신과의 소통이다. 자신과 소통한다는 것은 현재 자신이 잘 살고 있는 것인지 확인하는 과정이다. 스티브 잡스가 아침마다 거울을 보면서 "어이 잡스, 저 거

당신도 불통이다

울 속의 모습이 진정 네가 원하는 모습 맞아?"하고 물었던 것이 바로 자신과 소통하는 모습이다. 행위자 - 관찰자 편향이라는 지각 선택의 오류에 있어, 평소에 나의 행동을 잘 보지 못하는 것이 쌓이게 되면 결국에는 스스로 행동 수정에 대한 피드백을 받지 못하는 결과를 가져온다. 이렇게 될 경우 수정받지 못한 나의 행위들이 온전히 '나'라는 사람에게 축적되어, 현재의 내 삶의 모습을 형성하게 된다. 그래서 우리는 수시로 내가 지금 올바른 길로 가고 있는지, 제대로 살고 있는지 자문하면서 자신을 돌아보는 일을 해야 한다. 바로 의사소통의 대상을 자신으로 삼아서 지각 선택을 해야 하는 것이다. 이러한 태도의 대표적인 사례로 TV 프로그램 〈알쓸신잡〉에서 유시민이 정치를 그만두고 전업 작가로 돌아온 이야기를 들 수 있다.

"2013년 어느 날 인터넷에서 10년 치 내 사진을 검색해 본 적이 있다. 그 때 사진에서 본 내 모습은 가히 충격적이었다. 날카로운 인상을 넘어 얼굴 곳곳에서 괴로움이 역력했다. '아 내가 이렇게 살았단 말이야? 안되겠다. 여기서 그만둬야겠다'하고 생각했다. 그것이 내가 정치를 그만둔 결정적인 이유다."

유시민 작가의 말을 들여다보면 과거 10년간 자신의 모습을 지각 선택하지 못했다는 의미임을 알 수 있다. 바로 지각 선택의 행위자 - 관찰자 편향으로 인해 행위자였던 자신을 제대로 바라보지 못한 것이다. 자신을 인식하지 못했으니 행동의 수정도 불가했을 것이다. 인간은 인지적 일관성을 이루려는 습관이 있기 때문에 인지한 대로 행동하고자 하고 인지하지 못하면 행동하지 않는다. 2013년 그는 비로소 자신을 인지했고 정치를 그만둔다는 행동으로 옮겼던 것이다.

유시민 작가는 이야기의 끝에 자신을 선택할 수 있는 나름의 해법을 제시한다. 원래 인간은 자신의 모습을 잘 볼 수 없으므로 같은 공간에 있는 사람들 몇몇이 짝을 지어 무작위로 타인의 일상적인 모습을 일주일 단위로 찍으라는 것이다. 그리고 서로에게 보내준다. 그러면 연출 없이 찍힌 자신의 일상적인 모습을 볼 수 있을 것이고 그 얼굴 표정에서 괴로움이 묻어난다면 삶에서 무언가를 고칠 생각을 해보라는 것이다.

마치 그 비법을 타고나기라도 한 듯이 의사소통을 잘하는 사람이 있다. 그들의 비법을 보면 자기 생각을 고집하지 않고 상대의 입장을 이해하고 경청하는 것이 주를 이룬다. 그렇다면 타고나지 못한 사람들은 인위적으로 소통의 비법을 익히고 실행하는 습관이 필요하다. 이 습관 중에 가져야 할 가장 중요한 것으로 행위자- 관찰자 편향의 오류를 피하여 내 모습을 제대로 보고 메시지를 형성하는 습관이다. 잘못 형성된 메시지는 아무리 올바른 전달 채널을 통하더라도 상대의 귀를 막게 할 것이기 때문이다.

당신도 불통이다

● 용어의 정의 ●

행위자 – 관찰자 편향 : 사람이 대상과 현상을 바라볼 때 자신이 행위자인 경우와 관찰자인 경우의 판단 기준을 다르게 적용하는 것이다. 자신이 타인의 행동을 볼 때는 관찰자로서 온전하게 대상이 눈에 들어오기 때문에 세세하게 비판을 가한다. 그러나 자신이 행위자일 때는 자신의 모습이 눈에 들어오지 않기 때문에 비판을 잘 하지 않게 된다. 상대에게는 엄하게, 자신에게는 관대하게 기준을 적용함으로써 소통의 방해 요인이 된다.

● 생각해 볼 내용 ●

❶ 지금 당장 거울을 보자. 내 얼굴은 행복해 보이는가? 바쁜 일상에서 나를 관찰하기란 쉽지 않다. 아침마다 거울을 보자. 그것이 어렵다면 친한 사람과 짝을 지어 서로의 일상을 사진으로 찍어 공유해 보자.

❷ 최근에 나에게는 관대한 도덕적 잣대를, 남에게는 엄격한 잣대를 적용한 적은 없는가?

• • • • • •

 2019 likes

행위자 – 관찰자 편향

신호등이 빨간불일 때
누군가 건너가는 것을 발견했다면
나는 속으로 그를 비난하고 있을 것이다.
그런데 스스로 규칙을 어길 때는 어떠한가?
그럴 때 나는 나에 대해 신랄하게 비판하지 않는다.
남을 관찰할 때는 서슴없이 비판을 하지만
내가 행위를 벌일 때는 비판하지 않는 것이
행위자 – 관찰자 편향이다.

당신도 불통이다

잘 되면 내 덕, 못 되면 남 탓: 귀인 오류

의사소통은 메시지를 주고받는 행위의 반복이다. 누구나 화자이며 누구나 청자가 된다. 따라서 소통에 임하는 모든 사람들은 화자로서의 역할도 잘 해야 하지만 청자로서의 역할도 잘 해야 한다. 내가 화자로서 아무리 최초의 메시지를 잘 형성하고 청자가 잘 알아들을 수 있도록 전달했다고 해도 그 메시지를 받은 청자가 메시지를 자기 마음대로 해석해 버린다면 그 순간부터 의사소통은 다시 엉망이 되고 만다. 이렇게 자신이 받아들인 대상, 현상, 메시지를 객관적으로 그리고 입체적으로 해석하는 것이 아닌 자신의 주관으로 해석해 버리는 것을 불통의 오류 중에 하나인 '지각 해석의 오류'라고 한다.

선택도 잘하고 별다른 조직화, 즉 변형도 안 하고 내 머릿속 작업대 위에 잘 올린 메시지를 왜곡되게 해석하는 대표적인 사례로는 귀인 오류, 고정관념, 확증편향, 후광 효과, 대비 효과, 피그말리온 효과 등이 있다. 그 중 귀인 오류를 먼저 살펴보자.

··· 귀인 오류 ···

원인을 귀속시킨다는 뜻의 귀인은 어떤 현상을 접했을 때 그것이 발생한 원인을 찾는 행위이다. 학교 시험에서 아이가 좋은 점수를 받아오면 '나를 닮아서 그렇다'고 원인을 나에게 귀속시키고 낮은 점수를 받아오면 '당신 닮아서 그렇다'고 말한다면 그 집은 불통의 씨앗을 품게 되어 불화로 발전하기 쉽다.

지금은 많이 나아졌지만 한때 귀인 오류의 화신이었던 나는 물을 마시려고 컵을 꺼내다가 손이 미끄러져 컵을 깼을 때도 '설거지 후 아내가 컵을 잘못 엎어놨다'고 원인을 돌리기도 했다. 물론 속으로 했지만 말이다. 주말에 남편이 조용히 공부할 수 있도록 아이들을 데리고 나가서 자전거도 타게 하고 산책도 시켜 주면 고마워하다가도 다음 날 아이들이 갑자기 콜록거리면 '집에서 잘 노는 애들을 무엇하러 데리고 나가서 감기를 걸리게 한담!'하고 원망한다. 무엇이든 안 좋은 일이 생기면 그 일의 원인을 누군가에 돌려야만 속이 시원한 것이다.

이처럼 원인을 귀속시킬 때 좋은 현상은 내적 귀인하고 나쁜 현상은 외적 귀인 하는 것을 귀인 오류라고 한다. 귀인을 정확하게 하는 것은 현상을 올바르게 바라본다는 말과도 같다. 이는 곧 청자로서 사실 세계를 바르게 인지했다는 뜻이며 청자가 화자로 전환될 때 올바른 메시지를 전달할 수 있는 조건을 갖췄다는 뜻이기도 하다.

조직에서 귀인 오류는 리더가 특히 범하지 말아야 할 지각 오류이다. 조직이 원하는 목표를 달성했을 때 또는 실패했을 때는 원인을 정확히 분석하는 것이 중요하다. 경쟁자가 부진해서 또는 경제 상황이 좋아서 우연치 않게 달성한 목표를 내적 귀인하게 되면 앞으로는 더 이상 발전하기 어렵다. 또한 정말 외부 환경이 좋지 않아서 실패한 사례를 직원들에게만 책임을 돌리면 사기가 떨어지고 향후에 새롭게 도전하는 것을 꺼릴 것이다.

그런데 의외로 많은 리더들이 직원의 낮은 성과에 대해서 회사의 지원 부족, 기술의 낙후성, 외부 경제 요인, 치열한 경쟁 상황에서 원인을 찾기보다 개인의 노력과 능력 부족에서 찾는다. 그리고 이것은 인사 평가에 반영되기도 한다.

귀인 오류를 개인의 상황에 적용할 때는 특별히 자존적 편견 또는 동기적 편견이라고 하는데 쉽게 말해 잘 되면 내 덕, 못되면 남 탓, 조상 탓이라고 하는 속담과 같은 의미이다. 조직의 리더가 귀인 오류를 범하면 조직을 망치지만 개인이 귀인 오류를 범하면 인간관계를 망칠 수 있고 크게는 자신의 삶을 어렵게 만들 수도 있다. 우리는 살면서 많은 도전과 실패를 하게 된다. 이때 자신 앞에 놓인 실패의 결과를 내적 귀인하지 않고 외부에서만 찾게 된다면 더 이상 발전은 없을 것이다.

내가 첫 번째 책의 원고를 쓰고 출판사에 투고할 때의 일이다. 수십 군데가 넘는 출판사에 투고를 해도 계약하자는 제의를 받지 못하고 실망에 빠졌을 때 새롭게 마음을 다지기 위해 펼쳐본 책쓰기에 관한 어느 책에 이런 말이 써 있었다.

"보통 괜찮은 원고라면 삼십 군데 투고하면 적어도 세 군데 정도에서는 연락이 옵니다. 출판사 편집자마다 보는 눈이 비슷하기 때문입니다. 그런데 삼십 군데 정도 투고했는데 한 군데에서도 연락이 오지 않는다면 내 원고에 문제가 있다는 뜻입니다. 글의 수준이 너무 떨어지거나 현재 출판 트렌드와 동떨어져 있다는 의미입니다. 똑같은 행위로 다시 도전하면 결과는 같을 뿐입니다. 원인을 자신에게서 찾고 원고를 수정하시길 바랍니다. 그리고 다시 투고를 시작하세요."

나는 이 글을 읽고 목차를 수정하고 출간 기획서를 다시 쓰고 본문의 내용도 추가로 더 쓴 후에 몇몇 출판사에서 연락을 받을 수 있었다.

당신도 불통이다

나의 사례에서 보듯 개인은 가급적 상황의 원인을 자기 탓으로 돌리는 것이 좋다. 원인을 자꾸만 외부에서 찾는다면 더 이상 발전하기 힘들 것이다. 마찬가지로 인간관계에서도 원인을 자신에게 돌린다면 관계는 원만해질 것이다. 또한 리더가 원인을 직원에게 돌리지 않는다면 그들로부터 존경을 받을 것이다.

일상에서 벌어지는 의사소통에서도 마찬가지다. 누가 사사건건 원인을 남의 탓으로 돌리는 사람과 이야기하고 싶겠는가? 이때 기억하면 좋을 말이 춘풍추상이다. 남을 대할 때는 봄 바람처럼, 나를 대할 때는 가을 서리처럼 엄격하게 대한다면 귀인 오류를 막을 수 있다.

summary

● **용어의 정의** ●

❶ **귀인** : 현상의 원인을 찾는 행위

❷ **내적 귀인** : 현상의 원인을 자신 또는 조직 내부에서 찾는 것

❸ **외적 귀인** : 현상의 원인을 외부로 돌리는 것

❹ **귀인 오류** : 잘된 결과의 원인은 자기 덕으로 돌리고 나쁜 결과의 원인은 남의 탓, 또는 외부 환경으로 돌리는 행위

● **생각해 볼 내용** ●

❶ 경영자, 리더의 경우 성과 창출의 결과가 좋을 때는 자신의 리더십으로 돌리고 나쁠 경우는 직원의 능력 탓으로 돌린 적은 없는가?

❷ 개인의 경우 자신의 실패를 운이 나빠서, 부모를 잘못 만나서, 경제가 좋지 않아서, 경쟁이 심해서 등의 외적 요인으로 돌리지는 않는가?

당신도 불통이다

전과가 있으면
이번 사건에도 유력
용의자가 될까?: 고정관념

축구 중계를 보다보면 가끔 이런 말을 들을 수 있다.

"남미 선수들은 다혈질적이라 초반에 경기가 잘 안 풀릴 경우 스스로 무너지는 경향이 있다. 따라서 우리 대표팀은 전반전에 실점을 하지 않고 견디는 것이 중요하다."

고정관념이다. 상동적 태도라고도 하고 스테레오타입Stereotype이라고도 한다. 사람을 개인의 특성에 따라 판단하지 않고 그 사람이 속한 집단에 넣어 전체를 한꺼번에 지각해 버리는 것을 말한다. 남미 선수들을 다혈질적이라고 하는 근거가 무엇인지는 모르겠으나 그게 맞다 하더라도 모든 사람이 다 그럴 리는 없다.

고정관념은 사람을 집단화하는 데 있어서 인종, 지역, 종교, 성별, 나이, 출신 학교, 직업을 기준으로 삼는다. 앞에서 언급한 남미 사람은 인종이다. 젊은 사람들은 진보적이고 나이든 사람은 보수적이라고 하는 것은 나이로 범주화하는 것이며 직장인을 화이트 칼라, 블루 칼라로 나누는 것은 직업에 의한 고정관념이다.

··· 소통의 숨은 본질, 에토스 ···

아리스토텔레스는 말로 사람을 설득하기 위해서는 세 가지를 갖추어야 한다고 말했다. 말하는 내용이 논리적이어야 한다는 로고스, 청자로부터 감정적 동화를 끌어내야 한다는 파토스, 그리고 화자의 인격인 에토스가 그것이다. 아무리 내용이 좋고 감정적으로 끌린다 하더라도 그 말을 하는 사람이 신뢰가 가지 않는다면 아무 것도 소용이 없다. 사람이 싫으면 그가 무슨 말을 하든 귀를 열지 않게 된다.

그렇다면 고정관념은 무엇인가? 상대의 고유한 특성이 무엇인지 파악하기도 전에 에토스를 확정지어 버리는 것이다. 이래서는 소통이 될 리 없다. 〈열두 명의 성난 사람들〉에도 배심원들의 이러한 시각을 담은 대사가 여러 차례 등장한다.

용의자로 지목된 18세 소년은 빈민가에서 자랐다. 선생님에게 돌을 던져 감옥에 갔다 온 적도 있다. 그 외에 다른 전과도 있다. 그런데 이러한 사실들은 이번 범행을 판단하는 데 직접적인 증거가 되지 못한다. 그럼에도 몇몇 배심원은 다음과 같은 말을 한다.

"그런 애들은 타고나기를 거짓말쟁이라고."

"그 소년은 이미 전과도 있지 않습니까?"

그리고 결정적으로, 배심원실에서 이루어진 첫 번째 투표에서 유죄 11표, 무죄 1표가 나온 뒤 한 차례 토론 후 실시한 두 번째 투표에서 한 명이 유죄 추정에서 무죄 추정으로 의견을 바꿨을 때 그 투표가 비밀 투표로 진행되었음에도 빈민가 출신의 5번 배심원이 그 당사자일 것이라고 공공연히 의심을 받는다. 소년과 같은 빈민가 출신이니 동정심 때문에 무죄로 바꾸었을 것이라는 고정관념에 의해서다.

소통은 단순히 사람과 사람이 메시지를 주고받는 것이 아니라 신뢰를 근거로 상대의 의견을 경청하고 공감하는 과정이다. 상대에 대한 에토스가 올바르게 인지되지 않으면 로고스와 파토스는 아무런 힘을 발휘하지 못하게 된다. 그런데 평소 부도덕한 행위를 하고 신뢰가 가지 않는 말을 자주하는 사람의 말이 의심스러운 것은 당연한 일이겠지만, 사람을 미리부터 집단의 범주에 넣어서 판단하는 것은 곤란하다.

기업에서 경영진과 노동자 측이 임금 협상을 할 때도 고정관념이 작용한다. 이것은 직업, 역할에 의한 범주화다. 신입 사원을 채용할 때 학교에 따라, 출신 지역에 따라 사람을 평가하는 것도 고정관념이다. 고정관념도 인간의 인지적 한계에 의한 회상용이성의 산물이다. 고려해야 할 많은 정보와 복잡한 세상을 단순화시켜 판단의 시간과 노력을 단축시키기 위함이다. 일면 효율적인 부분도 있겠지만 의사소통에서 에토스가 차지하는 비중을 고려할 때 아주 위험한 지각 오류이다. 고정관념을 갖게 되면 상대와 대화를 해보기도 전에 메시지에 대한 올바른 해석은 이미 기대하기가 힘들어지기 때문이다. 특히 조직에서 구매팀은 늘 가격을 깎으려고만 한다든가 생산기술팀은 비용은 고려하지 않은 채 값비싼 외국산 장비만 선호한다는 고정관념을 갖게 되면 협력을 기대하기가 힘들어진다.

이러한 고정관념을 없애는 방법은 역으로 그 사람과 의도적으로 접촉할 기회를 만들고 많은 대화를 나눠 보는 것이다. 고정관념이 처음부터 상대와 대화하는 것을 막는 것이라면 그것을 없애는 길은 내가 혹시 저 사람을 알지도 못하면서 판단하는 것은 아닐까라는 의심을 통해 대화를 시도해 보는 것이다. 일부 회사에서 일주일에 한 번씩 업무 시간을 쪼개어 티타임을 갖는 것도 부서 간에 벽을 허문다는 의미를 갖고 있지만 다른 한편으로는 고정관념이 생기는 것을 막기 위해서이다.

대표적인 회사가 에버노트Evernote다. 끊임없이 새로운 기술을 개발해야하는 IT 회사에서 부서 간에 소통은 특히 더 중요하다. 또

당신도 불통이다

한 고어 앤 어소시에이츠_{W. L. Gore & Associates, Inc.}와 같은 회사는 주로 섬유, 화학과 관련된 제품을 생산함에도 고정관념을 버리고 신입 사원을 뽑을 때 일부러 출신을 다양하게 선발한다. 전공을 화학뿐만 아니라 생물학, 공학, 인문학 등 다양하게 고려하여 인재를 선발함으로써 조직 다양성을 높이려는 의도다. 다양한 사람들은 그들만의 생각이 있을 것이므로 조직의 창의성에 도움이 될 것이라는 생각에서다. 그래서인지 고어 앤 어소시에이츠의 제품 영역은 등산복 원단에서 우주복까지 매우 넓고도 다양하다. 옳다, 그르다가 아닌 다르다는 생각을 한다면 고정관념을 없애는 데 큰 도움이 될 것이다. 개인을 개별로 판단할 때 소통은 시작된다.

summary

● 용어의 정의 ●

❶ **고정관념** : 사람을 판단할 때 개인의 특성이 아닌 출신 배경에 근거하여 판단하는 것

❷ **에토스, 파토스, 로고스** : 아리스토텔레스가 주장한 수사학의 3요소로 화자의 인격, 청자 감정에의 호소, 말의 논리성을 의미한다.

● 생각해 볼 내용 ●

❶ 나는 사람을 판단할 때 출신 지역, 성별, 나이, 학력에 근거한 적은 없는가?

❷ 조직에서 부서 사이에 업무와 역할을 근거로 사람의 특성을 판단하지는 않는가? 그것이 협력을 방해하고 있지는 않은가?

공부를 잘하니까
성격도 착하겠지!: 후광 효과

"A 대리는 영업 실적이 좋으니까 나머지 고과 평가는 해 볼 필요도 없이 좋을 거야."

"B 지원자는 출신 학교가 일류대니까 무조건 합격시켜."

"이 식당은 식재료 원산지가 다 국산이네. 맛도 좋을 것 같다."

후광 효과다. 사람의 머리 뒤에서 조명을 비추면 그 사람 자체는 환하게 비치지만 정작 빛이 너무 밝아 눈, 코, 입은 볼 수가 없다. 볼 수 없으니 보려고 하지도 않는다. 이처럼 대상의 한 가지 좋은 특징에 근거하여 나머지는 제대로 보지도 않고 모두 좋을 것이라고 생각하는 것이 바로 후광 효과다. 반대로 한 가지 나쁜 특징에 의거해서 나머지는 볼 것도 없이 나쁘다고 생각하는 것을 역 후광 효과 또는 뿔 효과라고 한다. 한 번 찍히면 영원히 찍힌다는 말이 바로 뿔 효과다.

소통은 사물을 아는 것이며 현상을 있는 그대로 파악하는 것이고 사람의 말을 잘 듣는 것임과 동시에 그 사람을 제대로 아는 일까지 모두 포함한다. 이력서의 스펙만 보고 신입 사원을 선발하는 것은 그 사람의 본질과 소통하지 못한 것이다. 사물과 현상에 대한 섣부른 판단을 보유하고 있게 되면 그로 인해 결국 잘못된 메시지를 형성하게 된다. 이럴 경우 경청이나 공감까지 갈 필요도 없이 소통이 시작조차 되지 않는다. 따라서 후광 효과는 소통의 첫 단계인 메시지 형성에 아주 부정적인 영향을 미침을 알 수 있다.

후광 효과는 특히 조직에서 사람을 평가할 때 많이 발생하는 오류다. 팀원이 큰 프로젝트에서 성공을 거두면 작은 허물은 잘 보이지 않게 된다. 그래서 입체적인 평가가 이루어지지 않는다. 조직에 간혹 자격 미달의 임원이 존재하는 이유는 승진 과정에서 후광 효과의 덕을 봤을 가능성이 크다. 일상에서 후광 효과의 가장 큰 폐해는 배우자 선정 과정에서 나타난다. 집안이 좋다고, 직업이 좋다고, 외모가 잘났다고 나머지는 보려고도 하지 않고 결혼하기도 한다. 물론 집안이 좋은 사람이 마음도 착할 수 있겠지만, 살아보고 나서야 사람의 특징은 눈에 보이는 것에만 있는 것은 아니라는 것을 깨닫게 된다.

후광 효과와 역 후광 효과가 중요한 이유는 불충분한 정보에 의해 사람에 대한 편견을 형성하게 하기 때문이다. 평소 내가 편견을 가진 사람이 나에게 던지는 메시지는 왜곡되어 지각되기가 쉽다. 그렇다면 무엇이 사람에 대한 후광을 형성하게 하는 걸까?

첫 번째는 그 특질이 사회적으로 선망의 대상이 되는 경우다. 일류 학교를 나왔거나 집이 부자이거나 외국에서 살다가 왔다거나 방송에 출연했다거나 하는 것들이다. 사실 이러한 요인들이 그 사람의 능력과 비례하거나 인성과 비례하는 것은 아니지만 자신이 가지지 못한 것을 가진 사람에 대한 부러움 때문에 그 사람을 다시 보게 되는 것이다.

두 번째는 그 특질이 윤리적인 것과 관련되어 있을 때다. 누구나 실수를 할 수 있지만 그 잘못이 윤리적이지 못한 것으로 밝혀지면 그동안 쌓아 왔던 모든 것이 무너지게 된다.

세 번째는 지각하는 사람이 자주 접하지 못하던 것을 접했을 때다. 가령 평범하고 수줍음이 많은 줄 알았던 사람이 야유회에서 뛰어난 노래 솜씨에 춤까지 곁들이는 것을 보게 된다면 그 모습은 아주 크게 각인되어 향후 그 사람에 대한 평가 전반에 영향을 미치게 된다.

후광 효과는 피그말리온 효과와 더불어 대표적인 지각 해석의 오류로서 잘 활용하면 좋은 인간관계를 형성하는 데 도움이 된다. 인사평가를 할 때는 후광 효과를 주의해야겠지만 업무를 수행하는 과정에서는 후광 효과를 가져볼 만도 하다. 가령, 자식이나 직원이 한 가지 일을 잘할 때, 칭찬해 주고 다른 일도 잘할 것이라는 믿음을 보내 주면 서로 신뢰가 쌓이게 된다. 인정이야 말로 사람 사이에 신뢰를 쌓는 것은 물론 상대에게 동기를 부여하는 가장 중요한 방법 중에 하나이다. 신뢰가 쌓인 사람 사이에서는 잘못 전달된 메시지도 피드백에 의해 바로잡힐 확률이 높다. 그러나 신뢰가 없는 사람에게서 메시지를 잘못 받을 경우 그로인해 인상과 평판이 형성되고 피드백으로 돌아오지 않는다.

summary

● 용어의 정의 ●

❶ **후광 효과** : 사람의 한 가지 특징이 좋아 보이면 그것을 근거로 다른 특징은 알아보지도 않고 다른 면도 좋을 것이라고 판단하는 것이다.

❷ **역 후광 효과** : 뿔 효과라고도 하며 후광 효과의 반대되는 개념이다. 한 가지 나쁜 특징을 보고 나머지 측면도 모두 나쁠 것이라고 판단해 버리는 것이다.

● 생각해 볼 내용 ●

❶ 인사평가 할 때 후광 효과로 인해 점수를 준 적은 없는가? 면접에서 출신 학교가 좋으니 나머지도 모두 잘할 것이라고 판단한 채 사람을 선발하지는 않는가?

❷ 신입 사원이 한 번 실수한 것을 기억에서 떨쳐내지 못하고 다른 능력도 부족할 것이라고 판단한 적은 없는가?

나는 처음부터 내 주장을 바꿀 생각이 없다: 확증편향

나는 통풍이 있다. 왼쪽 엄지발가락에는 이미 많은 요산이 쌓여 관절 부위가 볼록 튀어 나왔고 살짝 굽기까지 했다. 바람만 스쳐도 아프다는 통풍은 관절에 쌓인 요산 결정이 급성 염증 반응을 일으켜 예고 없이 극심한 통증을 몰고 온다. 집에서 쉬는 날에 발작을 하거나 앉아서 일하는 날에 발작하면 그나마 나은 편이다. 어딘가로 이동해야 되는 날 발작이 일어나면 꼼짝없이 목발신세를 져야한다. 그러다 일주일 정도 지나면 언제 그랬냐는 듯이 통증은 말끔히 사라진다. 통증 횟수가 평생 이 정도로만 찾아오고 통증 지속 시간이 일주일 정도라면 좋아하는 술을 적당히 먹어도 될 듯하다.

그런데 병을 연구하는 의사나 연구원들은 질병에 대해 아주 열심히 연구한다. 덕분에 속속 새로운 사실이 밝혀진다. 통풍은 신장이 요산을 잘 걸러 주지 못하기 때문에 발생하는 질병이다. 그러므로 통풍이 지속된다는 것은 신장이 자신의 한계를 넘는 요산을 걸러내기 위해 쉬지 않고 일하고 있다는 뜻이다. 이 신장은 나중에 어떻게 될까? 통풍은 그저 통증만 견디면 끝나는 일이 아니라 결국 신장을 망가뜨리는 질병인 것이다. 이제 술을 끊어야 할 이유가 생겼다.

힘든 일을 끝낸 후에, 일이 잘 풀리지 않을 때 술은 한없이 좋은 친구가 되어 주지만 신장을 위해 이제 헤어질 때가 왔다. 그런데 통풍에 해롭다는 술에 대한 좀 더 새로운 이야기가 들린다. 요산은 처음부터 음식에서 몸으로 들어오는 것이 아니라 음식에 포함된 퓨린이라는 물질이 몸속으로 들어와 대사되는 과정에서 요산으로 바뀐다는 것이다. 그러므로 통풍 환자는 퓨린이 많이 함유된 음식을 섭취하지 말아야 한다. 그 대표적인 음식이 등 푸른 생선, 탄산음료, 동물의 내장류다. 이제 고등어와 콜라, 곱창은 다 먹은 셈이다. 그리고 또 한 가지, 술 중에서 발효의 과정을 거친 술에 퓨린이 많다고 한다. 맥주, 막걸리, 청주가 발효주다. 반면 증류주인 소주는 퓨린 함량이 '0'이란다. 역시 하늘이 무너져도 솟아날 구멍은 있는 법이다. 나는 이제 소주만 먹으면 된다. 치킨에

당신도 불통이다

도 소주, 파전에도 소주다.

이제 나의 주장은 정립되었다. 통풍은 많은 고통을 동반하고 종국에는 신장을 약화시킨다. 그러므로 고쳐야 한다. 퓨린이 많은 음식을 먹지 않는 것이 방법인데 발효주, 고등어, 탄산음료, 내장류가 그것이다. 그런데 밤낮없이 연구하는 것이 연구자들의 일인법. 통풍에 대한 새로운 연구 결과가 자꾸만 발표된다. 이쯤에서 내 주장이 더 이상 수정되는 일이 없었으면 좋겠지만 어째 불길하다. 아니나 다를까 퓨린이 들어 있지 않은 소주도 요산은 생성하지 않지만 이미 몸속에 생성된 요산 배출을 막는다는 것이다. 언제는 증류주는 괜찮다더니 이제는 또 모든 술이 안 된다고 한다.

무슨 연구가 이리도 자주 바뀐단 말인가? 나는 결심했다. 뒤에 발표된 연구 결과는 믿지 않기로 했다. 통풍에 있어서 술은 처음 내가 접한 이론대로 맥주와 막걸리, 청주만 해롭고 소주는 괜찮은 거다. 조금 봐줘서 덜 해로운 거다. 더군다나 요산을 생성하는 것이 아니라 배출을 막는 것이므로 물을 많이 마셔서 이뇨작용을 늘리면 될 것 아닌가? 그래서 나는 소주는 먹어도 된다. 아니 먹을 거다.

… 확증편향 …

자신의 주장을 정립함에 있어 원래 믿던 가치에 부합하는 증거만 수집하고 그에 반하는 증거가 출현하면 애써 무시하는 것을 확증편향의 오류라고 한다. 예를 들어 내가 어떤 연예인을 아주 좋아하는 이유는 언행이 반듯하기 때문이다. 그런데 어느 날 음주운전 단속에 적발되었다는 소식이 들린다. 내가 그를 좋아하는 이유는 반듯한 행동 때문이었으므로 이제는 그를 다시 평가해야 한다. 한 시간이 멀다하고 인터넷에 그 사건과 관련해 새로운 기사가 올라온다. 내가 만약 확증편향의 오류에 빠진 사람이 아니라면 그 기사를 클릭해 보고 사건의 진상을 명확히 파악한 후 그 연예인을 새롭게 평가해야 한다.

그런데 나는 클릭하지 않는다. 나는 그를 좋아하기 때문이다. 그러므로 내가 그를 좋아해야 하는 이유, 좋은 소식만 접하려 든다. 나쁜 소식은 아예 보려고 하지도 않는다. 내 주장에 반하는 증거는 의도적으로 무시하는 것이다. 이것이 확증편향이다.

앞서 언급한 나의 통풍에 대한 대처 역시 확증편향이다. 술을 먹기 위해 믿고 싶은 증거만 수집하고 술을 먹지 말아야 할 증거는 애써 무시한다. 확증편향이 나쁜 이유는 잘못된 메시지를 형성하게 하기 때문이다. 확증편향에 빠진 사람과는 애초부터 대화가 되지 않는다. 토론에 의한 결론에 도달할 수 없는 사람이다.

〈열두 명의 성난 사람들〉에서도 확증편향이 자주 등장한다. 대표적인 것이 끝까지 유죄를 주장한 3번 배심원이 증인인 아래층 노인을 대하는 자세이다. 노인은 살인 사건이 일어나는 소년의 집 바로 아래층에 사는 사람이다. 그가 주장하는 결정적인 증거는 사건 직후 계단을 통해 뛰어 내려가는 소년의 뒷모습을 봤다는 것이다. 그러기 위해서 노인은 불편한 한쪽 다리를 이끌고 침대에서 일어나 거실을 가로질러 현관문까지 걸어가야만 한다. 많은 배심원들은 그 짧은 시간에 다리가 불편한 노인이 일어나고 걷고 문을 여는 행위를 모두 할 수 있었을까 의심한다. 하지만 3번 배심원은 노인이 주장하는 소요시간이 20초였으므로 충분했을 것이라고 말한다. 그가 주장하는 유죄에 대한 증거는 20초인 셈이다. 그런데 토론 과정에서 노인이 소년의 등을 보기 위해서는 15초 만에 모든 행동을 끝냈어야 한다는 사실이 밝혀졌다. 15초라면 더 짧은 시간이다. 이런 상황에서 3번 배심원이 만약 확증편향을 범하지 않는 사람이라면,

"내가 처음부터 노인의 증언을 믿었던 것은 걸어가는 데 소요된 시간이 20초라고 했기 때문이다. 그 시간이면 충분히 소년을 봤을 수 있다고 생각했다. 그런데 15초였다고 하니 아마도 노인이 소년을 보기에는 다소 시간이 짧다는 생각이 든다. 그의 증언에 의심을 가질 만하다."

라고 해야 한다. 그런데 그는 이미 소년을 유죄로 단정지었다. 유죄를 뒷받침하는 증거만 계속해서 수집하려 든다. 따라서 15초는

증거가 되어서는 안 된다. 그는 이렇게 말한다.

"15초라고? 정신이 오락가락 하는 노인이 뭘 정확하게 알고 있 겠소?"

소년이 유죄이기 위해서는 노인에게는 20초라는 충분한 시간 이 주어졌어야 했다. 자신이 믿는 증거다. 3번 배심원은 20초라는 증거를 신봉해서 유죄를 더 강력하게 주장했다. 그런데 알고 보니 노인의 목격에 필요한 이동 시간은 15초였다고 한다.

그렇다면 침대에서 일어나고 거실을 가로질러 걷고 현관문을 열고 소년을 봤다는 노인의 주장은 점점 신빙성이 떨어진다. 3번 배심원의 주장에 반하는 증거가 등장한 것이다. 그렇다면 이 증거 를 고려해 자신의 주장을 재검토해야 한다.

그런데 그는 그러지 못한다. 이미 확증편향에 빠져 있기 때문이 다. 20초는 정확한 증거였지만 15초는 정신이 오락가락하는 노인 의 주장이라고 여긴다.

확증편향은 투사와 더불어 우리가 가장 많이 범하는 의사소통 의 오류 중에 하나다. 사람은 누구나 정도가 심하든 그렇지 않든 확증편향에 빠져 있다.

누군들 내 주장을 쉽게 바꾸고 싶겠는가? 전 재산을 갖다 바치 고도 지구 종말을 보지 못한 사람조차도 신의 존재를 의심하기 보다는 신이 엄청난 노력으로 종말을 막았다고 인지적 일관성을 이루어 버리지 않던가?

확증편향에 빠진 사람들과의 대화는 마치 벽을 보고 이야기하는 것과 같다. 내가 그런 사람이라면 상대는 나를 벽으로 인지할 것이다. 나는 내 주장을 바꿀 용기가 있는가? 소통은 이러한 용기에서 시작될 수 있다.

summary

● 용어의 정의 ●

확증편향 : 현상에 대한 자신의 주장은 고정시켜 놓고 그 주장을 뒷받침하는 확실한 증거만을 수집하고 주장에 반하는 증거는 받아들이지 않으려고 하는 것이다.

● 생각해 볼 내용 ●

❶ 대화에 참여하면서 내 주장에 반하는 증거가 나왔을 때 기꺼이 내 주장을 뒤집은 적이 있는가?

❷ 조직에서 회의를 하거나 경영 전략을 수립할 때 처음부터 내 주장을 고정한 채 임하지는 않는가?

간절히 바라면 정말 이루어 질까?: 피그말리온 효과

그리스 신화에 다음과 같은 이야기가 나온다.

키프러스Cyprus 섬에 피그말리온Pygmalion이라는 조각가가 살았다. 아프로디테Aphrodite 신을 믿는 키프러스 사람들은 문란하기로 소문이 나 있어 지금도 키프러스 사람을 뜻하는 영어 사이프리언Cyprian 은 음란한 사람이라는 뜻으로 쓰이기까지 한다.

피그말리온은 키프러스 사람이었지만 여느 사람과는 달랐던 모양이다. 풍기문란한 사람들을 싫어한 나머지 남자임에도 자신의 집에는 여자를 들이지 않고 독신으로 살았다. 대신 대리석으로 사람보다 더 아름다운 여자 조각상을 만들어 갈라테이아Galatea라고 이름 짓고 마치 연인을 바라보듯 함께 살았다.

그러던 어느 해 피그말리온은 아프로디테 축제일에 제물을 바치고 갈라테이아를 자기 아내가 되게 해달라고 빌었다. 자신의 축제날에 참석한 아프로디테 여신은 피그말리온의 간절한 기도를 듣고 조각상에 온기를 불어 넣었다. 피그말리온의 사랑과 간절한 소망 덕분에 조각상은 사람으로 변했고 둘은 결혼해서 아들 파포스_{Paphos}를 낳았다.

… 피그말리온 효과 …

오늘날 우리에게는 피그말리온이 그리스 신화 속 인물로서가 아닌 피그말리온 효과로 더 익숙하다. 사람이 자신을 또는 다른 사람을 믿고 사랑하면 그 신뢰받는 대상은 기대에 부합하는 행동을 하게 되어 정말 그러한 사람이 된다는 것이다. '칭찬은 고래도 춤추게 한다' 혹은 '간절히 원하면 이루어진다'는 말과도 통하는 이야기다. 실제 피그말리온의 이야기는 많은 심리학자와 경영학자들이 연구하여 피그말리온 효과라는 이름으로 불리게 된다. 그 과정을 살펴보면 이렇다.

먼저 조직의 상사나 집에서 부모가 부하직원과 자식을 유능하다고 믿는다. 믿게 되면 자신이 먼저 그에 맞는 리더십을 발휘하게 된다. 상사나 부모로부터 기대를 받고 그에 맞는 지도를 받은 사람은 실제로 자신이 가능성 있는 사람이라 믿게 되고 상대를 실망시키지 않기 위해 더 열심히 노력하게 된다. 그래서 자연스레 성과가 나타난다. 덕분에 스스로는 자존감이 높아지고 타인으로부터는 새로운 믿음을 얻게 된다. 이 과정은 순환된다. 이것이 피그말리온 효과다.

피그말리온 효과를 지각의 관점에서 보면 분명 지각 오류다. 대상을 있는 그대로 해석한 것이 아니라 일부러 긍정적으로 해석한 것이다. 인지적 일관성에 의하면 사람은 자신이 지각한 대로 태도를 결정하고 그에 따라 행동한다고 했다. 따라서 윗사람이 직원이나 자식을 '이 사람은 성공할 사람이고 좋은 환경이 주어지면 분명히 잘할 수 있는 사람이다'라고 생각하면 윗사람 스스로가 먼저 자신의 지각에 맞는 태도를 취하고 행동을 하게 된다는 것이다.

여기서 행동이란 리더십을 말한다. 좋은 리더십을 발휘하기 때문에 직원이나 자식은 동기가 부여되고 동기는 행동을 낳고 행동은 성과를 낳게 된다. '세상에 나쁜 조직 구성원은 없고 나쁜 상사만 있다' 혹은 '나쁜 제자는 없고 나쁜 스승만 있다'는 말을 상기하게 하는 대목이다. 그렇다면 이것과 반대되는 개념도 있지 않을까?

바로 스티그마 효과Stigma effect, 낙인 효과이다. 한 번 밉보인 사람은 상사도 큰 기대를 하지 않게 되고 기대가 없으니 리더십도 발휘하지 않게 된다. 그래서 계속해서 저조한 성과를 내게 된다는 의미다.

〈열두 명의 성난 사람들〉에서도 피그말리온 효과를 보여주는 장면이 있다. 여기서는 아래층에 사는 노인이 다른 사람의 관심을 불러일으키고자 자신이 소년의 목소리를 직접 들은 증인이라고 주장했고 자꾸만 그렇게 주장하다 보니 정말 자신이 소리를 들었다고 믿는 지경에 이르기까지 했다. 이것은 분명한 지각 오류다.

영화의 장면은 다소 부정적인 모습으로 피그말리온 효과가 설명되긴 했지만 상대방의 긍정적인 행동을 유발하는 수단인 이와 같은 지각 해석 오류는 한 번쯤 범해 볼 만하다. 실제 현실에서는 다소 부족한 직원이고 자식이라 할지라도 지각 해석의 오류를 범하여 좋은 사람, 가능성 있는 사람이라고 믿어 보라. 놀라운 변화가 일어날지도 모른다.

그렇다면 타인에게 피그말리온 효과를 적용해 보기에 앞서 나 자신을 한 번 믿어 보는 건 어떨까? 올바른 방법으로 열심히 한다면 나도 성과를 낼 수 있는 사람이라고 말이다. 그러면 나에게도 변화가 일어나리라 확신한다.

summary

● **용어의 정의** ●

❶ **피그말리온** : 그리스 신화에 나오는 조각가. 자신이 만든 조각상 여인을 사랑하게 되자 아프로디테 여신이 온기를 불어 넣어 사람으로 변하게 해 주었다.

❷ **피그말리온 효과** : 대상을 긍정적으로 지각하면 실제로 그러한 변화가 일어나는 현상을 말한다.

● **생각해 볼 내용** ●

❶ 나는 자녀가 또는 직원이 가능성 있는 사람이라고 믿는가? 그러한 믿음을 바탕으로 리더십을 발휘하고 있는가?

❷ 한 번 실수한 일로 타인의 잠재되어 있는 가능성마저 외면하고 있지는 않은가?

FOLLOW

    • • • • • •

 2019 likes

\# 피그말리온 효과

조각가 피그말리온과 그가 만든 조각상 여인
조각상을 마치 사람인 것처럼 사랑하자,
조각상은 정말 살아있는 여인이 되었다.
타인에게 긍정의 신호를 주면
그는 긍정적인 행동을 하게 될 것이다.

ⓒ 피그말리온, PYGMALION AND GALATEA, by Jean-
Leon Gerome, 1890, French painting, oil on canvas.

비슷하다고 같은 것은 아니다: 지각근접성과 지각유사성

"소통의 정답은 하나야, 내가 먼저 경청하는 것!"

한결같이 말하는 소통의 해법이다. 맞다. 경청. 그런데 이 말을 한 그 사람에게 묻고 싶다. 싫은 사람의 말과 선입견을 가지고 있는 사람의 말을 경청해본 적 있느냐고.

내가 당장 물건을 팔아야 하는 고객의 말이라면 누구라도 귀 기울여 듣게 된다. 나에게 대출 심사를 승인해 줄 은행 담당자의 말이라면 경청하게 된다. 내가 부탁하는 입장일 때 또는 내가 좋아하는 사람의 말인 경우에 듣지 말라고 해도 듣게 된다.

하지만 세상에는 내가 아쉬운 상황만 있는 것이 아니다. 또 내가 좋은 감정을 형성하지 않은 사람도 많다. 기본적으로 남의 말

당신도 불통이다

을 듣기보다 자신이 말하는 것을 더 좋아하는 인간이 경청하기란 참 어려운 일이다. 더군다나 나의 잘못된 지각으로 나쁜 인상을 갖게 된 사람의 경우는 더 그렇다.

어떤 경우에 사람에 대해 잘못된 인상을 갖게 될까? 여러 이유가 있지만 지각근접성과 지각유사성에서 그 답을 찾아본다.

··· 지각근접성 ···

학창시절 선생님들로부터 다음과 같은 말을 들어 본 적이 있을 것이다.

"3반 애들은 질문을 많이 한다."

"5반 애들은 부정행위를 많이 한다."

과연 그럴까? 3반 학생들 전체가 질문을 많이 했던 것일까? 5반 학생들은 모두 부정행위를 많이 했던 것일까? 3반 학생 중에 특히 질문을 많이 하는 몇몇 학생이 있어서 선생님은 그 학생들과 같은 공간에 있었던 다른 학생들도 묶어서 지각한 것은 아닐까? 부정행위의 경우도 마찬가지다. 중간고사에서 5반 학생 중에 한 명이 부정행위를 하다가 들켰는데 기말고사에서도 마침 5반에서 또 부정행위자가 나온 것은 아닐까? 그래서 선생님은 위치적으로 함께 있는 5반 학생들을 묶어서 판단하고 있는 것은 아닐까?

지각근접성이란 물리적으로 가까이 위치한 대상을 하나로 인지하는 것을 말한다. 고등학교 때 불량한 친구들과 어쩌다 한 번 어울렸는데 같이 불량하다는 평판을 듣는 것은 물리적으로 가까이 있는 대상을 함께 묶어서 인지했기 때문이다. 3반, 5반이라는 같은 공간에 있었기 때문에 그 학생들 중에 일부가 나타내는 두드러진 특징을 한꺼번에 지각하는 것이다. 사람에 대한 평가가 심심치 않게 이런 방식으로 잘못 이루어지기도 한다.

··· 지각유사성 ···

지각근접성이 물리적으로 가까이 위치한 사람을 한꺼번에 지각하는 것이라면 지각유사성은 실제로 해당 자극에 미세한 차이가 있음에도 자극의 종류가 유사하다는 이유로 같은 범주로 지각해버리는 것을 말한다.

이인석의 『조직행동이론2015』에 언급된 다음 사례를 보자.

'지각유사성의 대표적인 사례는 미국에서 실시한 '흑인 쿼터제'이다. 미국 정부는 1964년에 제정된 적극적 고용개선법에 따라 사회적 약자이자 소수인 흑인들의 권리를 강화하고자 기업 입사 시험과 대학 입학 시험에서 일정 비율 이상 흑인들을 합격시키라는 흑인 쿼터제를 실시하기로 했다. 그러자 다른 집단의 사람들도 같은 권리를 요구하기 시작했다. 장애인, 여성, 소수 민족들이 결국 쿼터제의 대상이 되었다. 그러자 이를 역차별이라고 느낀 백인들

당신도 불통이다

의 불만이 커져 갔고 소송으로까지 비화되었다. 최근 법원은 대학 시험에서 불합격한 백인 학생의 소송에서 쿼터제가 과연 다양성을 위한 유일한 방법인지 재심해보라고 했다.'

위의 사례에서 동일한 대상이라고 지각한 흑인, 여성, 장애인, 소수 민족은 소수라는 유사성이 있을 뿐 사실은 다른 특성이 더 많은 집단이다. 자세히 들여다보면 그들 가운데서도 경제적, 사회적 지위가 높은 사람이 있다. 그런 사람들에게까지 굳이 대학 입학과 입사 시험에서 혜택을 줄 이유는 없다. 그럼에도 소수라는 유사성에 근거해서 한꺼번에 지각하는 오류를 범하고 말았던 것이다.

지각근접성과 지각유사성은 인간 개별의 특성을 인지하지 못하고 집단적으로 지각함에 따라 내가 소통해야 할 대상의 특성을 잘못 파악한 사례다. 소통은 메시지를 주고받기에 앞서 대상에 대해 올바르게 지각하는 것이 중요하다는 사실을 알게 해주는 대목이다.

summary

● 용어의 정의 ●

❶ **지각근접성** : 위치적으로 가까이 있는 대상의 특성을 동일하게 인지하는 것이다.

❷ **지각유사성** : 비슷한 속성을 지닌 대상을 동일하게 인지하는 것이다.

● 생각해 볼 내용 ●

❶ 회사에서 특정 팀 직원 몇 명이 업무에 비협조적일 때 그 팀 전체를 묶어서 평가하지는 않는가?

❷ 최근 몇 년간 입사한 신입사원들 중 일부가 개인주의적 특성이 강한 경우, 요즘 젊은이들은 모두 개인주의적이라고 생각하지는 않는가?

당신도 불통이다

과거의 기억을 꺼내지 마라: 지각불변성과 회상용이성

신영복의 『담론2015』에 다음과 같은 이야기가 나온다.

아버지와 아들이 산책을 하고 있었다. 걷다가 아들이 길가에 예쁘게 피어난 버섯을 보고 "아버지, 버섯이 참 예뻐요"라고 말했다. 그러자 아버지는 지팡이로 버섯을 가리키며 "만지지 마, 독버섯이야"라고 소리쳤다.

그러자 여러 버섯 중에 지팡이로 지목당한 버섯이 충격을 받고 쓰러진다. 쓰러진 버섯에게 옆에 있던 친구들이 달래주며 이런 말을 한다. "넌 독버섯이 아니야, 넌 지난번에 내가 힘들 때 위로도 해주고 재미있는 이야기도 들려주고, 얼마나 좋은 친군데. 독버섯이라고 말하는 건 인간들 식탁의 논리일 뿐이야."

지각불변성의 오류다. 지각불변성이란 사람이 대상을 해석할 때 현재 눈 앞에 있는 대상을 있는 그대로 객관적으로 보고 해석을 시도해야 함에도 과거에 한 번 지각했던 방식 또는 자신의 고유한 입장에서 해석하려 드는 것을 말한다. 인간들은 길을 걷다가 눈에 보이는 수많은 잡초를 보고 독풀이라고 말하지 않는다. 원래 길에 난 풀은 먹지 않기 때문이다. 먹지 않으므로 그 풀에 독이 들어 있든 없든 상관이 없다. 따라서 설령 독이 들어 있더라도 독풀이라고 부르지는 않는다. 하지만 버섯은 다르다. 버섯은 사람이 즐겨 먹는다. 그러므로 인간의 몸에 해로운 것은 독버섯이 되는 것이다.

버섯이라는 균류는 사람에게 무해하거나 유해한 성분만을 특성으로 가지는 것이 아니다. 모양, 색깔 등 수많은 다른 특질이 있음에도 인간은 버섯의 다른 성질에는 관심이 없다. 자기에게 필요한 버섯에 대한 해석만을 미리 가지고 있는 것이다. 독버섯에 대한 자기만의 해석인, 색깔이 화려한 것은 독이 있다는 판단을 마음속에 미리 보유하고 있다가 유사한 버섯을 보면 방금 본 버섯을 새롭게 해석하지 않고 자신의 이전 기준에 비추어 판단한다. 지각하는 데 있어 과거와 현재, 대상에 따른 변함이 없으므로 지각불변성이다.

고정관념이 인간을 그가 속한 집단이나 출신 지역, 학교에 근거

당신도 불통이다

하여 판단하는 것이라면 지각불변성은 유사한 대상에 대하여 한 번 가지고 있던 인상을 새로운 지각 환경에서도 다시 꺼내 쓰는 것을 말한다.

사람은 살면서 수없이 많은 새로운 사람을 만난다. 그럴 때마다 조금 이야기 해보고선 마치 그 사람을 다 아는 것으로 간주해버린다. 이와 비슷한 사람을 많이 겪어 봤다면서 말이다.

지각불변성과 비슷한 개념으로 회상용이성이 있다. 지각불변성과 회상용이성 모두 휴리스틱heuristics의 개념에 속한다. 휴리스틱이란 대상이나 현상을 판단할 때 객관적이고 종합적인 정보에 근거하지 않고 경험, 직관에 의해 신속하게 판단하는 것을 말한다. 휴리스틱은 빠른 의사결정과 도전적인 일을 수행할 때 필요하기도 하며 때로 그 효과가 좋은 경우도 있다. 그러나 그렇지 않은 경우가 더 많은데 이유는 회상용이성에 따른 선례의 함정에 빠지기 쉽기 때문이다.

회상용이성이란 쉽게 떠올릴 수 있는 정보에 더 큰 비중을 두어 사물을 판단하는 것을 말한다. 선례의 함정은 과거에 해봤던 비슷한 경험에 의해 새로운 문제를 해결하려다 실패하는 것을 뜻한다. 때로는 회상용이성으로 성공하는 경우도 있다. 끝이 좋으면 다 좋다는 말이 있듯 강의에서 마무리를 잘 할 경우 또는 상품 광고에서 따라하기 쉬운 카피나 배경 음악을 사용하여 소비자에게 각인 시킬 경우가 그렇다. 반면에 조직에서 인사평가를 할 때 직원이 잘한 일보다 실수한 일을 더 잘 떠올리게 되어 평가의 객관성을 유지하지 못한다든지, 새로운 사업이나 제도의 도입에 있어 벤치마킹을 할 때 다른 회사가 성공했다는 사실이 쉽게 떠올라서 우리 회사의 특성을 면밀히 고려하지 않는 경우는 회상용이성의 함정에 빠지는 결과를 낳는다.

소통에서 가장 중요한 것은 대화할 사람에 대해 신뢰를 갖는 것과 더불어 내가 형성할 메시지에 대해 주관적인 판단을 버리는 일이다. 그런데 인간의 에너지 효율 추구가 이것을 막는다. 가급적 뇌를 덜 쓰려고 하기 때문이다. 새로운 사람을 만나면 그 사람의 다양한 면을 고려해야 하고 새로운 대상을 보면 객관적으로 다시 파악하려고 해야 하지만 과거에 그와 유사한 해석의 사례를 꺼낸 후 빠르게 판단해 버리는 실수를 범한다.

따라서 소통을 잘하기 위해서는 다시 한 번 자기 인식, 자기 부정이 필요하다. 지금 내가 판단한 것이 현 상황에서 새로운 정보를 해석한 것이 맞는지, 아니면 과거에 사용했던 해석을 다시 꺼내 쓰고 있는지 따져 봐야 한다.

당신도 불통이다

● **용어의 정의** ●

❶ **지각불변성** : 새로운 대상을 접했을 때 과거에 있었던 유사한 지각 경험을 떠올려 동일하게 지각해 버리는 것이다.

❷ **휴리스틱** : 직관에 의해 신속하게 대상을 판단하는 것이다.

❸ **선례의 함정** : 과거의 방식으로 똑같은 시도를 하다 실패하는 것이다.

● **생각해 볼 내용** ●

❶ 의사결정의 상황에서 종합적으로 정보를 검토하기보다 직관에 의지한 적은 없는가?

❷ 지금 판단에 사용하고 있는 재료는 자세히 검토한 것인가? 회상용이성에 의해 쉽게 떠올린 것인가?

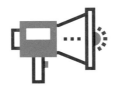

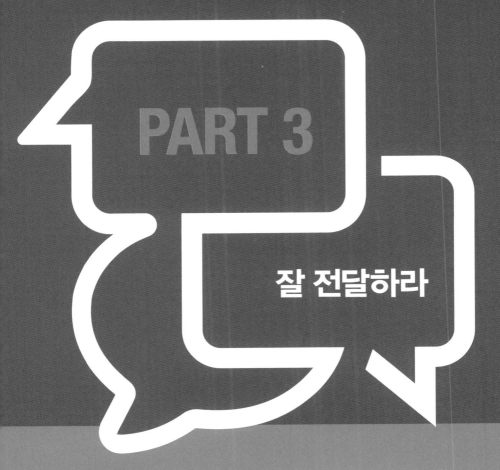

PART 3

잘 전달하라

더 크게 자주 말해야 듣는다: 크기, 강도, 반복

"뭐라고? 좀 크게 말해!"

"2번 주관식 문제 답을 뭐라고 쓴 거니? 글씨 좀 알아볼 수 있게 써줄래?"

"나 지금 막 1번 출구로 나왔는데 너 어디 있는 거야? 손 좀 흔들어봐!"

의사소통이란 화자의 재료가 부호로 메시지화 된 다음 채널을 통해 청자에게 지각되는 과정이라 했다. 이 중에 지각이 소통에 가장 크게 영향을 미친다. 지각은 사람의 오래된 습관에 지배를 받기 때문이다. 이는 지각의 3단계인 지각 선택, 지각 조직, 지각 해석 모두에 적용된다.

이번에는 지각의 첫 단계인 선택에 대해서 좀 더 살펴보고자 한다. 소통을 화자와 청자 사이의 지각 문제로 한정시켰을 때, 그 시작은 화자의 메시지를 청자가 인지하는 것이다. 말하는 목소리가 들려야 하고 종이에 써 놓은 글씨가 보여야 한다. 화자가 말하는 언어를 알아들을 수 있어야 하고 사용하는 용어에 익숙해야 한다. 이 모든 조건을 만족시켰다 하더라도 듣고 싶은 내용이 아니라는 이유로 못들은 척 해버리면 소통을 시작할 수 없다.

아예 말을 섞고 싶지 않은 사람이라면 더 이야기 할 것도 없다. 이처럼 소통의 첫 관문은 청자가 내 메시지를 선택하게 하는 것이다. 청자의 입장에서도 화자의 메시지를 잘 선택하도록 노력해야겠지만 선택의 문제에 있어서는 화자의 역할이 더 크다. 그렇다면 어떻게 해야 내 메시지의 선택률을 높일 수 있을까?

세상에 존재하는 자극은 너무 많은데 비해 인간의 인지적 능력은 한계가 있어 기본적으로 모든 자극을 받아들이지는 못한다. 이것을 선택적 지각이라 한다. 그렇기 때문에 다른 자극들보다 내가 주는 자극을 먼저, 그리고 온전하게 받아들이도록 유도하기 위해서는 각별한 노력이 필요하다.

가장 쉬운 방법은 크고 세게 전달하는 것이다. 다음의 예를 보자. 경부고속도로를 타고 가다 청주 나들목에서 고속도로를 빠져나가야 하는데 그만 지나치고 말았다. 이유야 여러 가지가 있겠지만 출구를 알리는 표지판의 크기가 너무 작았던 탓이 크다. 그리고 도로 바닥에 표시된 화살표가 많이 지워져 있었다면 그것도 원인이 된다. 그래서 요즘은 운전자들이 지각 선택을 잘할 수 있도록 바닥에 붉은색을 넓고 길게 칠해서 출구로 안내하지 않던가? 또, 작은 목소리보다는 큰 목소리를 잘 선택한다.

강도도 마찬가지다. 약한 자극보다 강한 자극일 때 선택받을 확률이 높다. 시험 공부를 할 때 교과서의 중요한 부분에 줄을 치거나 형광펜으로 표시하는 이유도 중요한 내용을 더 잘 선택하기 위해서이다. 외식 업계의 음식들이 점점 달고 짜지는 이유도 강도를 높여 지각 선택을 받으려는 것과 관련이 있다. 때로 회사에서는 이런 것을 이용하여 잘못된 동기부여를 하기도 한다. 바로 강화 이론에 근거하여 동기를 부여하고자 하는 시도이다.

인간을 목표로 향해 움직이도록 하는 가장 좋은 방법은 일에 대한 즐거움과 의미를 느끼게 하여 자발적으로 움직이게 하는 것이다. 그러나 이 방법은 경영자 입장에서는 빨리 효과가 나타나지 않는 것 같아 보이고, 리더로서 자신의 역할을 다 하지 못하고 있다고 느끼게 하기도 한다. 이로 인해 조급하게 선택하는 것이 바로 강화에 의한 동기부여이다.

잠시 강화 이론에 대해 살펴보면, 강화 이론에 의한 동기부여 방법에는 네 가지가 있는데 상 주기, 상 뺏기, 벌 주기, 벌 제거가 있다. 원래 강화 이론의 의미는 인간에게 특정 자극을 주었을 때 좋은 결과가 나타났다면 그 자극을 더욱 강화하고 특정 자극을 없앴을 때 좋은 결과가 나타나면 그 자극을 없애야 한다는 것이다. 이때의 자극은 인간의 자율적 능력을 배가하는 것이어야 하지만 많은 사람들은 강화 이론을 대체로 물질적 보상을 주거나 벌을 주거나 벌을 제거하는 것으로 이해한다.

상 주기는 성과급, 승진이라는 보상을 통해 동기를 부여하는 것을 말한다. 상 뺏기는 주던 보상을 주지 않는 방식으로 특정 행위를 하지 못하게 하는 것이다. 벌 주기는 벌을 통해 나쁜 행위를 못하게 하는 것을 말하고 벌 제거는 주어지던 고통을 없앰으로써 상을 주는 듯한 느낌을 갖게 하는 것을 말한다. 듣기만 해도 인간을 온전히 인간으로 보지 않는 동기부여 방법임을 알 수 있다.

가정에서도 성적이 떨어지거나 잘못을 저지르면 며칠간 스마트폰 사용 금지와 같은 벌 주기의 강화 이론이 적용되고 있다. 그런데 이런 방법이 아직도 널리 쓰이는 이유는 효과가 즉각적으로 나는 것 같은 착시현상이 일어나기 때문이다. 강화에 의한 동기부여는 정해진 계획을 빠르게 추진해야 했던 과거에는 이것으로도 효과를 보았을지 모르나 변화무쌍한 경영 환경에서 직원들의 창발적 적응 전략이 필요한 현대 사회에서는 기업의 수명을 재촉하는 방법일 뿐이다.

당신도 불통이다

크기, 강도 외에 지각 선택의 좋은 방법은 반복이다. 부모님이 자식에게 잔소리하는 것은 반복에 의해 지각 선택을 유도하기 위함이다. 한 번 본 영어 단어보다 여러 번 본 단어가 머릿속에 더 잘 들어온다. 마찬가지로 움직임을 이용해 선택하는 데 도움을 줄 수도 있다. 시내에 나가면 왜 그렇게 네온사인 간판이 가만히 있지 못하고 깜빡일까? 자신을 선택해서 가게로 들어오라는 뜻이다. 교사가 학생들의 수업 집중도를 높이기 위해서는 새로움이라는 방법을 사용할 수도 있다. 매번 똑같은 사례나 교수법은 지루하다. 지루함은 상대로 하여금 메시지에 대한 관심이 떨어지게 한다. 따라서 재미있는 사례나 동영상, 게임 등을 사용하여 수업 집중도를 높여야 한다. 학생들 간에 자리를 바꾸게 하여 환경을 새롭게 만들어 주는 것도 지각 선택을 위해서 좋은 방법이 된다.

수많은 자극이 존재하는 세상에서 자기만의 생각을 가지고 자기 일로 바쁘고 자신의 이익을 추구하며 사는 사람들에게 내 말을 듣게 하는 것은 쉬운 일이 아니다. 단순하게는 물리적으로 크게 말하기도 하고 강도도 세게 해야 하고 반복적으로 말하며, 이야기 중간에 움직임을 주기도 해야 한다. 또한 듣는 사람에게 익숙한 용어를 써야 하며 다른 한편으로는 신선함으로 오감을 자극할 수도 있어야 한다. 내용이 상대의 관심사이거나 이익이 됨을 인지시킬 때 내 말에 더 귀를 기울일 것이다. 또 무엇보다 상대는 자신이 존중받는 느낌을 가질 때 귀를 열려고 할 것이다.

　우리는 저마다 소통이 안 되고 말이 안 통한다고 투덜대지만 나는 과연 전달자 입장에서 어떤 노력을 했는지 생각해 본다면 한없이 부끄러워질 것이다. 이 글을 쓰고 있는 나도 마찬가지다. 하지만 글을 쓰고 강의하는 것도 반복에 의한 지각 선택의 효과가 있어서인지 강의할 때마다 소통을 이야기하고 소통을 주제로 글을 쓰다 보니 조금씩 나아지는 것 같다.

　소통이 안 되는가? 좀 더 크게 말해 보자. 상대가 듣고 싶어 하는 말, 그들에게 익숙한 용어를 사용해 보자. 단순히 선정적 자극을 주기보단 내적 감흥을 일으키는 자극을 주자. 소통으로 원하는 결과도 결국 행동의 변화 아니겠는가? 상대가 반응하지 않는다면 지각 선택을 위한 내 노력이 부족하거나 진정성이 없었다는 뜻이다.

당신도 불통이다

● **용어의 정의** ●

❶ **지각 선택** : 사람이 오감을 통해 대상을 인지하는 하는 과정을 지각이라고 한
다. 지각은 다시, 대상을 내 눈과 귀 등으로 받아들이는 선택, 내가 해석하기 쉽
도록 변형하는 조직, 의미를 부여하는 해석의 3단계로 나누어진다.

❷ **선택적 지각** : 인간의 인지적 능력에 한계가 있어 수많은 자극 중에 두드러지거
나 자신에게 익숙하고 유리한 것을 먼저 지각하는 것을 말한다.

● **생각해 볼 내용** ●

❶ 내가 듣고 싶은 말만 선택해서 듣지는 않는가?

❷ 소통이 안 되는 이유를 내 목소리가 작아서, 내가 쉽게 설명하지 못해서 상대로
하여금 내 메시지를 잘 선택될 수 있게 하지 못해서라고 생각하자. 불통의 1차
적 책임은 지각 선택을 잘 유도하지 못한 나에게로 돌리자.

양치기 소년의 말은 아무도 듣지 않는다: 신뢰

진시황제秦始皇帝는 이름 그대로 진나라의 첫 번째 황제다. 그가 왕이 아닌 황제일 수 있었던 것은 수많은 나라와 왕이 존재했던 춘추전국시대를 끝낸 당사자로서 그들과 똑같은 왕이라는 칭호를 쓰기엔 자존심이 허락하지 않았기 때문이다.

··· 상앙의 개혁 ···

춘추전국시대의 후반을 장식한 일곱 나라 중에 하나인 진나라는 서쪽 척박한 땅에 위치한 탓에 초반에는 국력이 그리 강하지 않았다. 그랬던 진나라는 어떻게 최초의 통일 제국이 될 수 있었을까? 진시황제의 능력이 그렇게 출중했던 것일까? 진나라의 중

당신도 불통이다

국 통일을 위한 국력은 통일한 연도인 기원전 221년에서 130년 전으로 거슬러 올라간 재상 상앙의 개혁에서부터 강해지기 시작했다. 당시 진나라 왕 효공은 나라를 부강하게 하기 위해 상앙을 재상으로 삼아 전에 없었던 급진적인 개혁을 실시했는데 농업의 육성과 군대의 양성이 그것이다.

상앙은 당시 귀족 휘하에서 대가족 형태로 있으면서 농사를 짓던 평민들을 소가족으로 분화하여 서쪽 황무지로 이주시키고 농지를 개간하게 했다. 그로 인해 농업 생산력은 증대되고 귀족의 힘은 약화되는 결과를 가져왔다. 마침 철기의 보급과 우경의 시작이라는 사회 환경과 맞물려 상앙의 농업 개혁은 전략과 환경이 절묘하게 맞아 떨어졌던 것이다. 게다가 귀족의 약화는 중앙집권의 강화를 불러 개혁을 강력하게 뒷받침하는 계기가 되었다.

또 하나는 군대 양성이다. 당시만 하더라도 군대의 의무는 평민들이 아무런 보상 없이 행하는 것이었지만 상앙은 제도 개혁을 통해 평민이더라도 전쟁에서 공을 세우면 장군이 될 수 있게 했고 토지를 하사했다. 농업 혁명과 군사제도의 개선은 국가 재정을 확대하고 병력의 보급을 원활하게 하여 진나라 통일의 초석이 되었다.

그렇다면 혁명보다 더 어렵다는 개혁을 상앙은 어떻게 성공할 수 있었을까? 바로 신뢰를 통해 자신의 메시지를 국민들이 지각

선택하게 했기 때문이다. 상앙은 본래 위나라의 귀족으로 공손앙
이라 불리었다. 재주가 뛰어났으나 위나라 왕에게 등용되지 못하
던 차에 진나라 효공이라는 왕이 인재를 널리 등용한다는 말을
듣고 효공의 신하가 된다. 상앙이 처음 진나라로 왔을 때만 해도
국민들이 국가의 리더와 법령에 대한 신뢰가 부족해 잘 따르지
않는 상태였다. 그러니 상앙이 새로운 법을 만들어도 시행하기가
쉽지 않았다. 이에 상앙은 다음과 같은 묘책을 내었다.

"도성 남문 앞에 큰 나무를 하나 세워 놓을 것인데, 이것을 북문
으로 옮기는 사람에게 금 10냥을 주겠다."

많은 사람들이 남문 앞으로 몰려들었으나 그동안 국가에 대한
신뢰가 떨어진 상태에서 누구 하나 선뜻 나서는 이가 없다. 그러
자 상앙은 상금을 40냥으로 올리고 똑같이 나무를 북문으로 옮
기는 사람에게 상금을 주겠다고 했다.

모두가 술렁이기만 할뿐 나서지 않을 때 한 건장한 남자가 내가
한 번 옮겨 보겠다며 나무를 북문으로 옮겼다. 그러자 상앙은 바
로 상금을 내어 주었다. 이 소문이 온 나라에 퍼지자 국민들 사이
에는 '재상 상앙은 한 번 말하면 지키는 사람이다. 그의 말은 믿
을 만하다'는 말이 돌기 시작했다. 그러자 상앙은 준비한 개혁안
을 공표하고 본격적인 개혁에 착수했다.

이처럼 상대가 내 말을 듣게 하기 위해서는 그가 나에게 신뢰를

당신도 불통이다

가질 수 있게 해야 한다. 이렇게 본다면 의사소통은 단순한 기술로만 되는 것은 아니다. 목소리를 크게 하고 만나서 이야기하고 충분한 근거를 준비했다 하더라도 과거의 행동으로 나에 대한 신뢰를 잃은 상태라면 그 어떤 말도 청자는 귀 기울이지 않을 것이다. 그런 의미에서 부부 사이의 신뢰는 더욱 중요하다. 한 집에서 오래 살아온 부부는 신뢰의 실적이 누적된다. 직장은 새로운 직장으로 옮기면 인간관계를 새롭게 구축하여 시작할 수도 있다. 하지만 부부 사이는 과거의 잘못을 서로가 모두 기억하고 있기에 한 번 신뢰를 잃은 상태라면 회복하기가 쉽지 않다. 그렇게 되면 이혼을 하지 않는다 하더라도 언제든 폭발할 수 있는 씨앗을 안고 있는 것과 같다. 따라서 평소에 좋은 관계를 유지해야 한다.

직장인이 조직을 떠나는 이유도 신뢰가 무너졌을 때다. 사람이 자신의 직무에 만족하는 것을 직무 몰입이라고 하듯 조직에 만족하고 조직에 계속 남아 있으려는 성향을 조직 몰입이라고 한다. 조직 구성원이 조직에 계속 남아 있으려는 경우는 '내가 조직에 이 정도 헌신을 하면 조직도 나에게 이 정도는 해주겠지'라는 심리적 계약이 잘 지켜졌을 때이다. 한 번 심리적 계약이 무너지면 조직이 새로운 제도를 만들어 그들을 유인하려 해도 다시 조직 몰입을 이끌어 내기가 쉽지 않다.

심리적 계약은 구성원으로부터 성과를 창출하게 하고 조직에 오래 남아 있으려는 마음과 더불어 제도적으로 규정되지 않은 조직에 대한 애착심도 불러와 조직 시민 행동도 일어나게 한다. 누가 시키지 않아도 외부에 나가서 우리 회사에 대해 좋은 내용을 소개하고 회사의 에너지를 절감하려고 노력하는 행동까지도 하게 만든다. 이처럼 신뢰는 인간과 인간 사이의 소통은 물론 인간과 조직의 관계에까지 큰 영향을 미친다.

summary

● 용어의 정의 ●

❶ **상앙의 개혁** : 춘추전국시대를 통일한 진나라의 재상 상앙이 농업 개혁, 군대 양성을 통해 국력을 부강하게 한 일이다.

❷ **조직 몰입** : 조직 구성원이 조직에 헌신하고 계속 남아 있으려는 성향이다.

● 생각해 볼 내용 ●

❶ 나는 상대가 내 말을 받아들일 만큼 신뢰가 있는 사람인가?

❷ 우리 회사는 심리적 계약을 잘 지키고 있는가? 나는 조직이 나에게 기대하는 모습으로 성장해 가고 있는가?

 2019 likes

\# 약속과 신뢰

진나라의 상앙은 나무 기둥을
남문에서 북문으로 옮기는 사람에게
약속했던 상금을 줌으로써
국가가 말한 것은
반드시 지킨다는 신뢰를 얻었다.
이러한 신뢰를 바탕으로
개혁 정책을 실행했다.

마틴 루터 킹 목사의 소통법: 은유

상대가 내 말을 잘 받아들이게 하기 위해서는 매번 크게, 선명하게 그리고 직설법으로 말해야만 하는 것일까? 때로는 우회적인 화법이 효과적일 때도 있다. 그 대표적인 방법이 은유다.

··· 은유 ···

은유란 비유법의 하나로 원래 개념과 보조 개념을 동일시하는 것을 말한다. '그는 곰처럼 미련하다'라고 하면 직유법이지만 '그는 곰이다'라고 하면 은유법이다. 직유보다 은유가 더 강한 느낌의 메시지를 전달하는 데 효과적이다. 누군가를 설득할 때, 강력한 의미를 전달할 때 쓰면 지각 선택이 잘 된다. 마틴 루터 킹 목사가 바로 이 은유를 즐겨 쓴 대표적인 사람이다. 그는 '나에게는 꿈이 있습니다'라는 말로 흑인들에게 인간은 모두 똑같다는 인식을 심어준 사람이다. 그런데 의식을 넘어 행동, 저항으로 이어지게 하기 위해서는 당시 미국 사회의 인권 문제가 심각함을 알려야 했다. 어떤 방법으로 메시지를 선택하게 할 것인가? 그가 택한 것이 은유였다.

1963년에 있었던 킹 목사 연설의 한 대목이다.

"그래서 오늘 우리는 부끄러운 현실 상황을 표현하기 위해서 이곳에 오게 되었습니다. 어떤 의미에서 우리는 국가로부터 받은 자본을 현금으로 바꿔야 할 때가 왔습니다. 국가의 창립자들은 헌법과 독립선언서에 훌륭한 단어들을 썼습니다. 그들은 모든 미국인이 상속하게 되어 있는 보증서에 서명을 했습니다. 이 메모는 백인뿐만 아니라 모든 사람, 흑인들까지도 생명, 자유, 행복 추구와 같은 양도할 수 없는 권리를 보장받아야 한다는 약속입니다. 오늘날 미국이 지금까지 시민들의 피부색에 관련된 이 보증 메모에 대해 태만해 왔고 불이행 했다는 것이 분명합니다. 미국은 이 신성한 의무를 존중하는 대신 흑인들에게 부도수표를 주었습니다. 이 수표는 "자금이 부족함"이란 도장이 찍혀 돌아왔습니다. 그러나 우리는 정의의 은행이 파산했다는 말을 거부합니다. 우리는 이 나라에 기회의 금고에 자금이 충분치 않다는 사실을 거부합니다.

여기서 은유는 그동안 약속어음인 줄 알았던 독립선언서가 자신들에게는 부도수표였다는 것이다. 부도수표와 같다가 아니라 그냥 부도수표라는 것이다. 이 은유적 표현에서 연설을 듣기 위해 모인 모든 흑인들은 그의 말을 가슴 깊이 선택하게 되었다.

책 읽기를 좋아하는 아이에게 "우리 ○○이는 책을 참 좋아하는구나"보다 "우리 ○○이는 책벌레네"라고 말하는 것이 더 강하게 인지되는 것과도 같은 이치다.

은유와 더불어 우회적인 방법으로 메시지를 선택하게 하는 다른 방법으로는 대조와 수사적 표현을 들 수 있다.

··· 대조 ···

대조란 반대되는 것이 있을 때 대상이 더 잘 지각되는 원리다. 파랑색은 보색인 주황색 옆에 있으면 더 잘 지각된다. 따라서 내가 상대에게 해야 할 말이 직설법으로 하기에는 좀 어려운 것이거나 너무 뻔한 표현일 때는 전하고자 하는 메시지를 직접적으로 표현하는 것보다 반대되는 표현을 사용하는 것이 더 효과적이다. 다음 사례를 보자.

현재 메이저리그 야구팀 텍사스 레인저스에서 뛰고 있는 추신수 선수는 2013년에 클리블랜드 인디언스를 떠나 신시내티 레즈에서 뛰었다. 클리블랜드에서 우익수로 활약하던 그는 신시내티에서는 중견수로 수비 위치를 옮겨야만 했다. 당시 신시내티에는 이미 제이 브루스라는 홈런 타자가 우익수 자리를 잡고 있었기 때문이다. 상황이 이렇게 되자 언론에서는 시즌이 시작하기도 전부터 과연 추신수 선수가 낯선 중견수 수비를 잘 해낼 수 있겠냐는 우려에 찬 기사를 쏟아냈다.

그도 그럴 것이 중견수 수비 위치는 우익수 위치보다 책임져야 할 수비 범위가 좌우로도 넓고 앞뒤로도 넓었기 때문이다. 특히 야구 경기장의 특성상 오른쪽, 왼쪽의 펜스까지의 길이보다 가운데 펜스까지의 길이가 길어 수비수 머리 위로 넘어 가는 공은 기존의 중견수도 어려워하는 것이었다. 그래서 처음 중견수를 맡은 추신수가 걱정되었던 것이다.

드디어 2013년 메이저리그 개막 첫 날이 왔고 추신수는 선발 중견수로 경기에 출전했다. 그런데 이게 무슨 신의 장난인지 그는 언론에서 우려했던 대로 자신의 머리 위로 넘어가는 공을 잡지 못해 상대팀에게 역전의 빌미를 제공하고 말았다. 경기가 끝난 후 당시 신시내티의 단장이었던 월트 자게티는 추신수를 달래주고자 그를 불렀다. 그리고는 이렇게 말했다.

"어이 신수! 넌 아직 잡을 공이 훨씬 더 많아!"

다음 날 인터뷰에서 추신수 선수는 그때 단장의 말이 자신에게는 무한 신뢰로 느껴졌고 그로 인해 그 뒤부터는 중견수 수비에 자신이 붙었다고 말했다. 여기서 자게티 단장이 자신의 메시지를 전할 때 쓴 방법이 바로 대조다. 현상의 과거, 즉 놓친 공을 말하지 않고 미래인 잡을 공을 말함으로써 자신의 메시지인 신뢰와 격려가 더 잘 전달되도록 했던 것이다. 단장의 신뢰 덕분인지 그 뒤로 추신수는 최고의 활약을 보여 주었고 시즌이 끝난 후 초대형 FA 계약을 이끌어 내며 7년간 1억 3천만 달러에 텍사스 레인저스로 이적하게 된다.

··· 어느 산사에서 ···

또 다른 대조 사례를 하나 더 들어본다. 법인스님의 『검색의 시대, 사유의 회복2015』에 나오는 이야기다. 산 중 봄 날의 어느 오후 산승 몇이서 차를 마시며 담소를 나누고 있었다. 시나브로 한가로움과 정감이 무르익을 무렵, 돌연 산사의 고요를 깨는 큰 소리가 담장 밖에서 들려왔다. 귀를 기울인즉, 어느 문화 답사 모임의 인솔자가 요란한 확성기로 탑비에 대해 설명하고 있었다. 생뚱맞은 불협화음에 직선적인 성격을 가진 한 스님이 대뜸 일어나더니 문을 열고 나갔다. 모두들 약속이나 한 듯 긴장된 표정으로 서로를 쳐다보았다. 곧 봄 날 산중의 평화로움을 앗아간 그들에게 불호령이 내려질 터였다. 그런데 어찌된 일인지 귀에 거슬리는 확성기 소리는 계속 이어지고, 스님의 불호령은 들리지 않았다. 짐작과는 다른 상황이 전개된 것이다. 남아 있던 산승들은 찻잔을 내려놓고 문 밖 동향을 주시했다. 계속되던 확성기 설명이 잠시 멈추자 마침내 그 스님의 목소리가 들려왔다.

"안녕하세요 이 절 참 좋지요? 어디서 오셨습니까?"

"네 저희는 ○○대학 사회교육원 문화 답사 모임에서 왔습니다."

"네 아주 잘 오셨습니다. 안에서 잠시 들었는데요, 탑비 설명을 참 잘하시네요. 이 절에 사는 저도 모르는 사실을 알고 계시네요. 내용도 알기 쉽고 재미있게 설명하시고요."

"고맙습니다, 스님. 과찬이십니다."

"해박하고 목소리도 참 좋은데 원래 음성으로 말씀하시면 그 좋은 목소리가 더욱 살아날 것 같습니다."

"아이고, 스님 정말 죄송합니다. 죄송합니다."

"아닙니다. 미처 생각하지 못하신 것이겠지요. 혹시 점심 전이면 공양하고 가십시오."

"저희는 먹었습니다. 다음에 시간 내어 차도 마시고 좋은 말씀도 듣겠습니다."

대조다. 시끄러운 확성기 소리가 아닌 좋은 목소리에 대해 이야기하면서 메시지의 참뜻을 알게 했던 것이다. 만약 젊은 스님이 뛰어 나가서는 노스님들의 우려대로 확성기 소리에 대해 화난 목소리로 불만을 표시했다면 대학생들은 귀를 열기보다는 닫으려 했을 것이다. 물론 자신들의 잘못이야 인정하겠지만 마음이 좋을 리 있겠는가? 그랬다면 답사의 분위기도 망치고 차를 마시던 스님들의 시간도 더 이상 평화롭지 못했을 것이다.

⋯ 수사적 표현 ⋯

수사란 수려한 말이라는 뜻이다. 평범한 단어로 구성된 말보다 상황을 더 화려하게 바꾸는 표현을 말한다. 스티브 잡스_{Steve Jobs}가 승승장구하던 펩시콜라의 사장이었던 존 스컬리_{John Scully}를 애플로 영입하기 위해 했던 말은 "우리와 함께 일하자"가 아닌 "남은 인생동안 설탕물을 팔며 사시겠습니까? 아니면 함께 세상을 바꾸시겠습니까?"였다. 이 단순함을 넘은 수려한 말로 잡스는 그를 데려올 수 있었다.

조직에서 리더가 구성원에게 비전을 제시하고 목표를 향해 동기부여 할 때와 같이 감정적 동화가 필요한 경우에는 무미건조하고 담백한 말보다 수려한 표현을 할 때 지각 선택이 더 잘 될 수 있음을 잊지 말자.

당신도 불통이다

● 용어의 정의 ●

❶ **은유** : 원래의 개념과 보조 개념을 동일시하는 표현이다. ex.) A=B, 그는 곰이다.

❷ **대조** : 현 상황을 반대로 표현하여 상대의 지각 선택을 돕는 기법이다.

❸ **수사** : 수려한 말이라는 뜻으로 말을 무미건조하게 하지 않고 기교를 넣어 주는 것이다.

● 생각해 볼 내용 ●

❶ 자녀나 부하직원과 상담할 때 직설적인 표현보다 대조, 은유, 수사적 표현을 써 보는 것은 어떨까?

❷ 연설문이나 비전, 핵심 가치를 표현할 때 은유법을 써보자.

묘사하면 더 잘 듣는다: 잇 팩터 IT FACTOR

우리는 대화할 때 상대의 말을 얼마나 경청하고 있을까? 또는 상대가 부탁하는 말을 얼마나 잘 기억해 두었다가 들어줄까? 이 질문에 자신 있게 잘 하고 있다고 대답할 수 있는 사람은 많지 않을 것이다. 그런데 이런 것이 나만의 문제는 아니다. 인간은 원래 남의 말을 잘 듣는 존재가 아니기 때문이다. 그렇다면 역으로 내가 상대에게 어떤 말을 할 때, 상대 역시 내 말을 귀담아 듣지 않을 가능성이 크다.

마트에 가는 남편이나 아내에게 '오는 길에 주스 한 병 사다줘'라고 말했을 때 그 부탁이 100% 실행될 가능성은 크지 않다. 회사에서 동료에게 '내 업무에 꼭 필요하니 어떤 자료를 오늘 중으로

당신도 불통이다

이메일로 보내 달라'고 요청한 경우도 내 바람대로 꼭 실현된다는 보장은 없다.

우리는 왜 이렇게 남의 말을 잘 듣지 않는 것일까? 혹시 이 문제의 원인이 듣는 사람보다 말하는 사람에게 있는 것은 아닐까? 사람들은 자신이 화자의 역할일 때 상대가 당연히 내 말을 귀담아들을 것이라고 착각하는 것은 아닐까?

… 잇 팩터를 가져라 …

세계적인 커뮤니케이션 전문가인 마크 위스컵Mark Wiskup은 그의 저서 『커뮤니케이션 주치의, 잇 팩터THE IT FACTOR, 2008』에서 상대가 내 말을 듣게 하는 커뮤니케이션 능력을 잇 팩터로 명명하고 그 방법을 다음과 같이 이야기 한다.

먼저 화자가 자신의 메시지를 청자에게 제대로 전하지 못하는 이유를 오만함이라고 말한다. 오만함이란 '내가 하는 말을 상대가 당연히 들을 것이다'라고 가정하는 것이다. 이런 가정 하에서 대화를 하게 되면 전하는 메시지에 정성을 덜 쏟게 된다. 마치 한두 살 난 아기가 엄마라는 말만 해도 주변 사람들이 모두 귀를 쫑긋 세우고 달려들 듯 내가 말을 하면 상대방이 귀 기울여 들을 것이라고 착각하는 것이다. 최소한의 노력으로도 소통이 될 것이라고 안일하게 생각하는 것과도 같다. 따라서 마크 위스컵이 제시하는 해법은 바로 겸손이다.

대화에 임하는 사람이 겸손한 마음을 갖게 되면 '내가 좀 더 정성껏 이야기하지 않으면 상대는 내 말에 귀를 기울이지 않을 것이다'라고 생각하게 된다. 여기서 '정성껏'이란 다음의 노력을 말한다.

(1) 더 일찍, 더 자주 이야기한다.
(2) 주제와 목적을 분명히 말한다.
(3) 그림을 그리듯 묘사한다.

위의 세 가지 가운데 저자는 특히 세 번째, 그림을 그리듯 묘사하여 말하면 '내가 이 주제를 중요하게 여기고 있다. 내가 대화에 전념하고 있다. 당신과의 관계를 중요하게 여기고 있다'는 인상을 주게 된다고 말한다. 만약 대화를 할 때 상황을 묘사해야 한다는 개념이 쉽게 와 닿지 않는다면 내용 속에 세 가지 이상의 대상과 세 가지 이상의 행위를 포함시키라고 말한다.

『커뮤니케이션 주치의, 잇 팩터』에 등장했던 사례를 재구성해서 살펴보자. 남편이 출장을 다녀오는 비행기에서 내려서 아내에게 다음과 같이 전화를 했다.

"여보, 나 방금 도착했어. 집에 가면 오늘 저녁은 외식하자"

이것은 오만한 대화다. 물론 남자는 좋은 뜻에서 말했을 것이다. 오랜 출장에 아내가 보고 싶었고 도착하자마자 전화해서 아내를 기쁘게 해주려고 외식하자고 말했다. 하지만 이 말에 대한 대답은 다음과 같은 것일 수도 있다.

"외식하자고? 싫어. 지금 그럴 기분이 아니거든. 할 일이 산더미 같아. 내가 정말 바라는 건 당신이 집에 와서 좀 거들어 주는 거라고."

반면에 세 가지 이상의 대상과 세 가지 이상의 행위를 포함한 묘사란 이런 것이다.

"여보, 나 도착했어. 오늘 저녁은 당신하고 같이 나가서 특별한 데이트를 즐기고 싶어. 오늘은 매일 가는 동네 음식점에 가지 말고 시내로 나가서 당신이 좋아하는 그 작은 레스토랑에 가자고. 당신은 거기에서 일주일에 특별히 한두 번만 나오는 허브가루 얹은 연어를 좋아하잖아. 내가 전화해서 연어 요리를 준비해 달라고 할게. 나는 신선한 브로콜리 파스타를 먹을 거야. 식사가 끝나면 레스토랑 길 건너에 있는 커피숍에 가자. 깔끔한 디카페인 커피를 마시면서 달콤하고 가벼운 디저트를 먹는 거야. 오늘 저녁은 근사한 데이트가 될 것 같아. 나랑 외출할 수 있겠어?"

어떤가? 말하는 사람의 정성이 느껴지지 않는가? 화자가 청자와의 관계를 중요하게 여기고 있고 이 대화에 몹시 집중하고 있다는 인상을 주고 있음을 알 수 있다. 물론 이렇게 말해도 아내가 지금 외출할 상황이 아니라면 외식을 못한다고 말할 수도 있겠지만 최소한 처음의 반응과 같은 모습을 보이지는 않을 것이다.

비슷한 사례를 하나 더 들어보자. 손님이 집으로 오시기로 한 날 요리를 준비하던 중에 우유가 떨어진 것을 발견하고 아내는 마침 마트에 가려는 남편에게 우유도 사오라고 말한다. 화자로서 자신의 입장에서 "여보, 마트에 갔다 올 때 우유도 좀 사다줘요"라고 말하면 반드시 우유를 사온다는 보장이 없다. 다시 자세하게 그림을 그리듯 이렇게 말해 보자.

"여보, 손님은 제가 만든 음식을 기대하고 계실 거예요. 그런데 그걸 만드는 데 필요한 우유를 넉넉히 사두지 않았지 뭐예요. 우유는 그 음식의 맛을 결정하는 가장 중요한 재료거든요. 한 병만 있으면 되는데. 그렇지 않으면 쿠키가 엉망이 될 거예요. 마트에 갔다 올 때 좀 사다 줄래요?"

어떤가? 이정도 이야기를 하는데 잊어버릴 수 있을까? 우리는 다른 사람에게 부탁할 때 이정도 정성들여 묘사하는지 생각해 보자. 그게 겸손한 대화다. 이런 대화는 회사의 난감한 상황에서 소통해야 할 경우에도 필요하다.

마지막 사례를 보자. 영업팀의 리더가 실적이 저조한 부하직원에게 좀 더 분발하지 않으면 인사상의 불이익을 줄 수밖에 없다는 이야기를 하고 싶다고 가정해 보자. 오만하게 "자네, 성과가 너

당신도 불통이다

무 저조해. 나도 이런 말 하긴 싫지만 회사 인사 정책상 30일 내에 개선되지 않으면 인사상의 불이익을 줄 수밖에 없어"라는 말을 들으면 어떤 생각이 드는가?

겸손하게 말하는 것은 다음과 같다.

"최대리, 잠깐 얘기 좀 하지. 그다지 즐거운 얘기는 아니지만 말이야. 자네 성과가 우리 회사의 기대치에 못 미치고 있어. 자네가 이 사실을 진지하게 인식했으면 하는 바람으로 공식적으로 주의를 주려고 해. 만약 앞으로 30일 내에 달라진 모습을 보이지 않는다면 다음과 같은 일이 벌어질 거야. 나는 자네에게 낮은 인사 평가 점수를 줄 수밖에 없고 이번 승진에서도 누락될 가능성이 커. 어쩌면 다른 부서나 지역으로 발령이 날 수도 있고. 그건 우리 모두에게 슬픈 일이야. 지금부터 실적을 올려보게. 30일 뒤엔 대단한 발전을 한 것을 축하하며 자네와 근사한 저녁을 먹었으면 좋겠어. 그건 전적으로 자네가 지금부터 어떻게 하느냐에 달려 있어."

소통은 단순히 정보를 전달하는 역할에 그치기도 하지만 상대방의 행동 변화를 이끌어내기 위함을 목적으로 하기도 한다. 정보 전달에 있어서도 수많은 소통 오류로 인해 잘못된 정보가 전달되는데, 행동의 변화까지 일으키기란 쉬운 일이 아니다. 이렇게 어려운 일을 간단히 말 몇 마디로 오만하게 해서는 될 리가 없다. 겸손하게 말해야 듣는다. 그리고 움직인다. 타이밍상 좀 더 일찍 그리고 더 자주, 목적을 명확하게 하자. 거기에 더해 가장 중요한 항목인 그림을 그리듯 말해 보자. 그러면 상대도 내 말을 더 집중해서 들을 것이다.

summary

● **용어의 정의** ●

❶ **잇 팩터 :** 상대가 내 말에 주의를 기울여 듣도록 하는 능력이다.

❷ **오만한 대화 :** 내용을 상세히 묘사하지 않고 전할 말만 하는 대화를 말한다.

❸ **겸손한 대화 :** 내용 속에 세 가지 이상의 대상과 행위를 넣어 그림을 그리듯 묘사하는 대화이다.

● **생각해 볼 내용** ●

가정이나 회사에서 상대에게 말할 때 핵심 메시지를 몇 개의 단어로만 전하기보다 의식적으로 세 가지 이상의 대상과 행위를 넣어 묘사해 보자. 대화에 임하는 화자의 진정성이 더 잘 전달될 것이다.

당신도 불통이다

스스로 해법을 찾게 하라: 질문의 힘

법륜스님의 『지금 여기 깨어 있기2014』에 다음과 같은 이야기가 나온다. 중국 남북조 시대에 남조의 번성을 이끌었던 양나라는 무제가 서기 502년에 건국하였다. 48년이라는 치세 동안 구품중 정제를 개선하여 인재를 등용하고 문화적 번영을 이끈 그의 특별한 행적 중에 하나는 단연 불교의 보급이었다. 전국에 수많은 절을 지었고 스님을 양성했으며 경전을 번역하고 간행했다. 당연히 무제는 충실한 불교 신자였다.

그러던 어느 날 인도에서 고승 달마대사가 양나라에 건너오게 되었다. 인도에서 고승이 왔다는 소식을 들은 무제는 달마대사를 궁으로 초대하여 자신이 지금까지 행한 불교 보급에 대해 이야기했다. 그리고 이렇게 물었다.

"대사, 이 정도면 내가 지은 공덕이 얼마나 되겠소?"

이에 달마대사가 말했다.

"무無, 즉 공덕이라 할 것이 없습니다."

달마의 눈에는 겉으로 보이는 절을 많이 짓고 경전을 인쇄하고 스님을 양성하는 것이 실제 부처님의 말씀을 따르는 것과는 별개의 것이라는 뜻으로 그렇게 대답했던 것이다.

하지만 무제는 달랐다. 내심 자신의 불교 보급에 대한 업적을 칭찬받고 싶었기에 화가 치밀어 올랐다. 급기야 칼을 빼들고 달마대사를 죽이려 했지만 주변에서 말린 끝에 목숨을 살려 주었고 이 일이 벌어진 후 달마대사는 지금의 중국 허난성河南省에 위치한 소림사少林寺에 들어가 묵언수행을 하게 된다. 부처님의 진정한 법을 전하러 왔지만 아무도 법에는 관심이 없고 세속적인 이익만을 구하는 데 실망한 것이다.

달마대사가 제자를 키우지 않고 묵언수행을 한다는 소문이 이미 돌았지만 그의 명성이 너무나 높았기에 그래도 무언가 얻을 것이 있겠지 하고 수많은 사람들이 소림사로 찾아왔다. 하지만 대부분은 달마대사가 끝내 입을 열지 않는 것에 실망하여 얼마 버티지 못하고 떠나고 말았다. 그런데 그 중에 딱 한 명, 제자 되기를 청한 어느 사람만이 소림사를 떠나지 않고 9년을 버티고 있었다. 달마대사가 아침에 일어나 명상하면 자신도 명상하고 일하면 함께 일하고 예불하면 옆에서 같이 예불하고, 그 조차도 입을 닫은 채 대사 옆에서 묵묵히 수행만 할 뿐이었다. 그러던 어느 겨울날 달마대사가 명상을 마친 후 문 밖을 내다보니 눈 쌓인 바깥에서 그 스님도 명상을 하고 있었다. 이에 감복한 달마대사가 마침내 9년 만에 입을 열어 다음과 같이 물었다.

"너는 누구냐?"

"'혜가'라고 합니다."

"여기 왜 왔느냐?"

"마음이 편해지는 도를 얻고자 왔습니다."

"너의 마음이 어떠한지 말해 보아라."

"지금 저의 마음이 몹시 불안합니다. 이 마음을 편안하게 해 주십시오."

그러자 달마대사는 결정적 한마디를 던진다.

"불안한 마음을 여기 꺼내 놓아라. 내가 편안하게 해주겠다."

인도에서 고승으로 유명한 달마대사가 그것도 9년 동안의 묵언수행을 깨고 제자의 마음을 편안하게 해주겠다고 한다. 혜가는 뭐라고 말했을까? 그의 대답은 다음과 같았다.

"내놓을 것이 아무것도 없습니다."

"내 이미 너의 마음을 편안케 했느니라."

이들의 대화는 무엇을 뜻하는 것일까? 이들의 의사소통은 어떻게 이루어진 것일까?

··· 의사소통의 목적은 행동을 끌어내는 것 ···

우리가 다른 사람과 대화를 하는 목적은 무엇일까? 여러 가지가 있겠지만 그 중 큰 비중을 차지하는 것이 바로 청자로 하여금 내가 원하는 행동을 하도록 이끌어 내는 것이다.

엄마가 아이에게 "스마트폰 그만 보고 숙제 좀 해라"라고 말하는 것은 말 그대로 공부라는 행위를 이끌어 내기 위해서다. 상사가 직원에게 업무 지시를 하는 것도 올바른 일을 수행함으로써 성과를 내게 하는 것이 목적이다. 그렇다면 이때 의사소통의 성패는 청자가, 화자의 처음 의도에 맞는 올바른 행동을 했는지가 될 것이다. 올바른 행동은 언제 나오는가? 바로 화자의 말을 들은 청자 스스로가 문제의 해법을 찾았을 때, 그리고 행동의 필요성을 느꼈을 때이다.

다시 달마대사와 혜가의 이야기로 돌아가 보자. 달마대사는 화자로서 어떤 의사소통 방법으로 청자인 혜가를 대했을까? 바로 청자 스스로 답을 찾게 한 것이 달마대사 소통 방식의 핵심이다. 다른 사람 같으면 마음을 편안하게 하는 해법을 직접 이야기해 줬을 것이다. 하지만 달마는 "불안한 마음을 여기 꺼내 놓아라"라고 말함으로써 혜가 스스로 자기 마음을 들여다보게 만들었다.

꺼내 놓으려면 자기 마음을 보아야만 한다. 꺼내려고 마음이란 것을 처음 보다보니 지금까지 불안한 마음의 원인을 밖에서 구했던 것과는 달리 원인과 해법은 바로 문제가 있는 자신의 마음속에 있었던 것이다. 그래서 혜가는 그 찰나의 순간에 깨달았다. 깨달았으니 더 이상 꺼내놓을 불안한 마음은 없다. 이것이 바로 의사소통을 통해 청자가 스스로 문제의 원인과 해법을 찾고 행동하게 하는 원리다. 이미 1500년 전에 달마대사가 행한 이 소통의 방식을 이야기하고 보니 최근에 많이 유행하고 있는 어느 소통의 리더십이 떠오르지 않는가? 그렇다. 바로 코칭이다. 코칭의 원리는 달마대사가 혜가에게 행한 원리와 정확히 일치한다. 코칭의 대가인 존 휘트모어John Whitmore의 이야기를 통해 코칭 리더십의 원리를 살펴보자.

··· 코칭 리더십 ···

존 휘트모어는 그의 저서 『성과 향상을 위한 코칭 리더십2007』에서 사람을 움직이게 하는 의사소통을 코칭이라 정의하고 그 해법으로 스스로 문제를 자각하고 해결에 대한 책임감을 가질 수 있도록 질문을 던질 것을 제시한다. 리더십의 정의는 구성원이 목표를 향해 움직이도록 동기를 부여하는 것이다. 그렇다면 동기는 언제 부여될까? 움직이는 계기는 스스로 문제를 발견하고 그 해법을 자신이 찾았을 때 생긴다. 남이 발견한 문제에 해법까지 그가 정해준다면 또는 문제는 자신이 발견했지만 해법을 남이 정해준다면 동기는 반감되고 만다. 코칭 리더십에서 이야기하는 자각이란 문제와 해법을 스스로 찾는 것이며 책임이란 자신이 찾은 해법을 수행하고자 하는 마음가짐을 말하는 것이다. 그렇다면 이러한 자각과 책임은 어떻게 생기게 하는가? 바로 질문에 의한 의사소통이다. 존 휘트모어의 책에 소개되었던 다음 사례를 보자.

지시형 리더

수잔 : 우리가 추진하고 있는 일이 잘 안 되고 있습니다.

리더 : 분명히 뭔가를 잘못했겠지요. 이 방식을 써 보세요.

코칭형 리더

수잔 : 우리가 협의한 대로 일을 했는데 잘 안 되고 있습니다.

리더 : 나는 지금 조지와 미팅이 있어서 나가봐야 하는데 정확하게 언제, 어디서 문제가 생겼는지 확인해 보세요. 돌아와서 해결 방안을 찾을 수 있도록 도와드리겠습니다.

미팅 후 리더가 돌아오자 수잔은 이렇게 말한다.

수잔 : 해결책을 찾았어요. 이제 잘 되고 있습니다.

리더 : 그래요? 어떻게 했죠?

수잔 : A가 문제였어요. B의 방식으로 접근해 봤는데 잘 해결 됐습니다.

리더 : 잘 됐군요. 앞으로 문제가 생기면 당신의 노력으로 해결 가능한 일부터 찾아보십시오.

사례에서 보듯 지시형 리더는 자신이 해법을 제시했다. 이럴 경우 부하직원은 비록 성과는 냈지만 남이 찾은 해법으로 결과물을 만들어 낸 것이므로 성취감이 반감된다. 하지만 코칭형 리더는 '언제, 어디서'라는 힌트를 줌으로써 스스로 해법을 찾게 했다. 자신이 찾은 해법은 실행하고자 하는 책임감도 더 커지고 이루어 낸 결과물에 대한 성취감도 배가 된다. 또한 작은 성공을 경험함으로써 자신감도 커지고 문제 해결력도 자라나게 된다.

이처럼 의사소통은 단순히 화자가 청자에게 메시지를 전달하는 역할을 하기도 하지만 리더와 구성원, 부모 자식 사이에서는 자존감 상승, 문제 해결력 향상의 역할도 하게 된다.

summary

● 용어의 정의 ●

❶ **코칭** : 가르침을 받는 사람이 스스로 문제를 해결하도록 도와주는 과정이다.

❷ **문제 해결** : 기대 상태와 차이가 나는 현 상태를 해법 실행으로 기대 상태와 일치시키는 행위이다.

● 생각해 볼 내용 ●

❶ 가정에서 자녀가 수학 문제를 물어보면 즉시 방법을 가르쳐 주기보다 스스로 해법을 찾을 수 있도록 질문과 힌트를 던져보자.

❷ 회사에서 지시형 리더가 아닌 코칭형 리더가 될 수 있도록 존 휘트모어가 제시한 GROW 프로세스에 따라 질문해 보자.

Goal : 우리의 목표는 무엇인가?

Reality : 현상은 무엇인가?

Option : 대안은 무엇인가?

What : 무엇을 언제까지 실행해야 하는가?

당신도 불통이다

FOLLOW

♥ 💬 ✈   • • • • • •

♥ **2019 likes**

\# 스스로 학습법, \# 깨달음, \# 달마대사, \# 혜가

"지금 마음이 몹시 불안합니다."
"여기에 꺼내 놓아라. 내가 편안하게 해주겠다."
"내놓을 것이 아무 것도 없습니다."
"내 이미 너의 마음을 편안케 했느니라."

PART 4

있는 그대로 받아들여라

다른 사람 말 무시하기: 억압1

'사막에서 살아남기'라는 게임이 있다. 방법은 이렇다. 먼저 직장인들을 대상으로 하는 강연에서 사원부터 중역까지 사람들을 직급별로 골고루 섞어 여러 팀을 만든 뒤 문제를 낸다. 물, 담요, 총, 성냥, 거울, 냄비, 로프, 텐트, 손전등, 칼 등의 예시를 주고 사막에서 조난당했을 때 가장 필요한 물건을 1위부터 5위까지 정해보라고 하는 것이다.

팀원끼리 토의할 수 있으며 제한 시간은 10분이다. 정답은 익스트림 전문가들에게 설문조사를 통해 얻은 모범 답안이 이미 마련되어 있다.

··· 우리는 다른 사람의 말을 얼마나 경청하고 있을까? ···

앞에서 설명한 게임은 그저 즐기고자 하는 목적이 아니다. 집단 내에서 사람들이 얼마나 다른 사람의 말을 잘 받아들이는가에 대한 실험이다. 실험을 위해 팀별로 가장 직급이 낮은 사람에게는 미리 정답을 알려 주고 게임 내내 자신이 이미 답을 알고 있다고 주장하게 한다. 그러고선 최종적으로 도출된 팀의 답에 막내 사원의 의견이 얼마나 반영되었는지 확인한다.

이 실험의 결과를 보면 대체로 열 개가 넘는 팀이 게임을 하더라도 정답을 맞춘 팀은 거의 나오지 않는다. 직급이 낮은 사원의 의견이 반영되지 못했던 탓이다. 답은 대체로 직급이 가장 높은 중역급 직원이 제시한 대로 나온다. 그들이 1위로 선택한 답은 거의가 성냥이나 텐트, 물이었다. 일반적으로 나옴직한 대답들이다. 하지만 놀랍게도 익스트림 전문가들이 선택한 답은 거울이다. 보통 사람들은 사막에서 조난당했을 때 장기간 그곳에서 살면서 살아남을 계획을 세운다. 그러나 일교차가 수십 도에 달하는 사막에서 일반인이 오래 살기란 쉽지 않다. 가장 현명한 방법은 거울로 빛을 반사하여 지나가는 비행기나 헬기에게 자신의 위치를 알리는 것이라고 한다. 이 글을 읽는 독자들 중에서도 거울이 뜻밖의 정답이라 선뜻 받아들이기 쉽지 않을 것이다.

하지만 여기서 문제는 그것이 아니다. 게임 중에 사원은 자신이 이미 이 문제를 어디선가 봤다고 강력하게 주장했음에도 받아들여지지 않았다는 점이다. 바로 의도된 지각 선택의 외면이다. 지각 방어이면서 억압이다. 나이가 어리고 직급도 낮은 신입 사원은 무엇이든 잘 모를 것이라고 생각하고 그 의견을 무시하면서 직급이 높은 이사님의 생각대로 정답을 이야기한 탓에 열 개가 넘는 팀 중에 한 팀도 정답을 말하지 못한 것이다.

이처럼 지각 방어와 억압은 통상적으로 일반 사람들이 과거에 있었던 자신의 나쁜 경험에 대한 기억을 일부러 외면하려는 것을 넘어 조직 내 사람들 사이에서 오가는 소통을 방해하고 일선 실무자의 의견이 상향식으로 윗선에게 전달되는 것을 막는 중요한 요인이 된다.

의사소통이란 화자가 뜻하는 바인 메시지가 청자에서 트여서 통하는 것이라 했다. 통하기 위해서는 첫째로 메시지가 청자에게 전달되어 선택되어야 한다. 둘째로 청자의 머릿속 작업대 위에 올라야 하고, 셋째로 청자의 인지적 기준에 의해 해석되는 과정을 거친다. 이 세 가지 과정을 지각 3단계인 지각 선택, 지각 조직, 지각 해석이라고 했다. 의사소통은 이 3단계가 모두 정상적으로 이루어질 때 가능하다.

그런데 시끄러운 소통 장소나 화자와 청자의 실수, 관습적 오류, 의도적 왜곡에 의한 선택, 조직, 해석의 각 단계마다 오류가 일어나 소통을 방해한다. 지각 방어는 대상을 처음부터 내 눈과 귀로 받아들이지 않겠다는 지각 선택의 오류 또는 이미 선택된 대상을 의도적으로 머릿속 작업대 위에 올리지 않는 지각 조직의 오류에 해당한다고 볼 수 있다.

··· 집단 지성의 발현을 막는 억압 ···

앞에서 말한 '사막에서 살아남기 게임'의 경우 중역이라는 직급을 가진 청자가 화자인 신입 사원의 메시지를 선택조차 하지 않은 지각 오류이다. 이러한 행위는 소통을 원천봉쇄한다. 특히 창의성, 환경 적응적 사업 전략이 요구되는 현대 경영 환경에서 집단 지성의 발현을 막는 주요한 요인이 된다. 반대로 누구의 의견이든 억압하지 않고 열린 마음으로 선택하게 되면 조직은 창의성이 풍부한 곳이 된다.

『책은 도끼다2011』의 저자 박웅현은 어느 강연에서 이런 말을 한 적이 있다. '진심이 짓는다'는 카피로 아파트 광고의 트렌드를 바꾼 것은 인턴 사원의 아이디어였다고. 처음 한 아파트 건설회사로부터 광고 의뢰를 받고 맥주를 마시며 향후 광고 제작 방향에 대해 논의하던 중 당시 인턴이었던 사원이 "왜 아파트 광고에는 그리스 여신 같은 복장을 한 모델이 등장하고 사람들이 모두 중세 유럽의 성 같은 곳에서 사는 모습으로 나올까요? 너무 비현실적이지 않나요? 실제로 집에서는 편하게 옷 입고 그러는데 말이죠. 우리는 있는 그대로의 모습을 보여주는 게 어떨까요?"라는 의견을 제시했다고 한다.

당시 팀장이었던 박웅현은 인턴 사원의 의견을 억압하지 않고 선택했고 덕분에 '진심이 짓는다'라는 카피가 탄생할 수 있었다. 이 광고로 해당 건설사는 업계 순위 7위에서 2위로 올라섰다고 한다. 이 사례의 경우도 그저 남이 하는 이야기이니 쉽게 들릴지 모른다. 그러나 아파트 건설업계 전체의 트렌드가 화려한 삶의 모습을 보여주던 당시 관행에서 처음으로 새로운 방향의 광고 전략을 택한다는 것은 대단히 실험적인 일이었다. 그래서 팀장이 부하 직원, 특히 경험이 적은 인턴 사원의 의견을 받아들인다는 것은 쉬운 일이 아니었을 것이다.

이렇듯 의사소통을 할 때 우리는 고의로 또는 습관적으로 메시지의 선택, 조직, 해석의 과정을 거치면서 오류를 범한다. 억압은 화자의 메시지를 청자가 의도적으로 선택하지 않는 것이다. 그나마 이것은 양호한 경우이다. 두 사람이 이야기할 때 청자가 상대의 말에는 애초에 관심도 없고 말이 끝나기만을 기다렸다가 자기할 말을 하거나 중간에 자르고 들어오는 경우도 있지 않던가?

만약 소통 장소가 시끄러운 곳이거나 환경에 의해 지각 선택을 방해 받았다면 조용한 곳으로 가서 이야기하면 된다. 하지만 의도적 억압은 쉽게 개선되기 힘든 습관이다. 혹시 나보다 아랫사람이라고 해서, 또는 나보다 경험이 적고, 덜 배웠다고 해서 아니면 과거에 나와 대립한 적이 있다고 해서 상대의 메시지를 선택조차 하지 않은 적은 없는지 생각해 보자. 그동안 알게 모르게 많은 정보를 놓치고 있었던 것은 아닐까? 정보를 넘어 그 사람도 떠나보냈을지 모른다. 관성이란 말 그대로 습관적인 성질이다. 외부의 힘이 가해지지 않으면 쉽게 고쳐지지 않는다. 지각 오류 또한 마찬가지다. 나의 소통 과정에서 습관적으로 범하는 오류는 없는지 주의하면서 고쳐 나가는 일이 중요하다.

summary

● 용어의 정의 ●

억압 : 청자가 화자의 말을 의도적으로 듣지 않으려고 하는 지각 오류

● 생각해 볼 내용 ●

❶ 상대가 나보다 어리거나 경험이 적다는 이유로 그의 말을 귀담아듣지 않은 적은 없는가?

❷ 상대의 말이 옳음을 알고 있지만 그에 대한 좋지 않은 감정이 있어서 애써 외면한 적은 없는가?

 2019 likes

\# 억압이란

사막에서 조난당했을 때 가장 필요한 것은
'거울'이다.
정답을 신입 사원만 알고 있을 때,
그 팀이 정답을 맞히는 확률은 얼마나 될까?
'거울'은 단지 정답이 아니다.
조직의 억압 정도를 볼 수 있는 척도다.
신입 사원의 의견에도 귀를 기울일 줄 아는 자세가
소통을 원활하게 할 수 있다.

변화를 외면하고 있지 않은가: 역압2

서점의 자기계발서 코너에 가면 오늘도 어김없이 역경을 딛고 자기 스스로 성공이라 말할 수 있는 삶을 살고 있는 사람들의 이야기가 있다. TV 강연 프로그램에도 실패를 딛고 일어난 사람들이 출연하여 자신의 삶을 이야기하는 것을 어렵지 않게 본다. 그런데 세상에는 이렇게 수많은 성공 사례가 방법까지 자세하게 안내되어 있음에도 그들을 따라서 했더니 나도 성공했다는 이야기는 많지 않다. 왜 그럴까?

성공은 항상 변화를 요구한다. 어제의 나를 버리지 않고 하던 대로 했더니 성공했다는 사람은 없다. 클레이튼 크리스텐슨Clayton M. Christensen 하버드경영대학원 교수가 말한 파괴적 혁신도 성공한

당신도 불통이다

나의 과거를 파괴하고 다시 새로움을 추구하라는 의미다. 그렇지 않으면 기존의 것을 파괴할 것도 없이 그저 새로운 규칙을 들고 등장한 신규 진입자에게 자리를 내주게 된다.

그 신규 진입자도 마찬가지다. 아무것도 없던 상태에서 새롭게 가진 성취를 빨리 잊지 않고 달콤한 기억을 지속하는 한 또 다른 진입자에게 파괴의 희생양이 되고 만다. 파괴적 혁신, 창조적 파괴, 이 흔한 유행어가 사실은 말처럼 쉬운 것이 아니다. 보잘 것 없어 보이지만 현재의 편안함을 버린다는 일은 쉬운 것이 아니기 때문이다.

세계 최초로 디지털 카메라를 개발한 코닥이 망한 이유도 잘 팔리고 있는 필름을 버리지 못해서였다. 인류가 세계 최초로 달에 발을 딛는 장면을 촬영한 찬란한 기억을 파괴하는 것이 쉬웠을 리 없다. 그렇다면 개인이 자기계발서를 읽으면서도 그들을 따라하지 못하는 이유도 여기서 찾을 수 있지 않을까?

쥐꼬리만 한 월급이라 푸념하던 것도 막상 버리고 새로운 도전을 하려고 들면 아쉽기만 한 것이 우리 인간이다. 조직에서 새로운 업무를 맡아 도전하고 커리어를 넓혀가야 한다는 사실을 알지만 그러기엔 현재 하고 있는 일이 너무 익숙하고 편안하다.

혹시 우리는 그동안 자기계발서를 읽으면서 내가 변해야 할 이유보다 변하지 않아도 되는 이유를 찾고 있었던 것은 아닐까? 내가 변할 수 없는 이유, 성공한 그들은 우리와는 원래부터 다른 사람이라는 변명만을 찾고 있었던 것은 아닌지 생각해 볼 필요가 있다.

소통은 사람과도 하는 것이지만 사물 및 현상과도 하는 것이다. 우리는 변화의 소리를 선택하지 않고 억압하고 있었던 것이다. 인지하지 않으니 행동이 일어날 리 없다.

… 찰리 채플린과 그레타 가르보 …

"유성 영화는 사라질 것이다."

〈모던 타임즈Modern Times, 1936〉의 주인공인 무성 영화 시대의 최고 스타 찰리 채플린Charles Chaplin의 말이다. 이 말은 1927년 최초의 유성 영화가 출현한 뒤 그가 보인 반응이었다.

"유성 영화에게 6개월의 시간을 주겠다."

4년 뒤인 1931년에 그가 했던 이 말은 유성 영화에 대한 질투 또는 푸념이었다. 그도 결국 1940년에 가서 자신의 첫 번째 유성 영화를 찍었기 때문이다. 물론 그는 무성 영화 시대에도 스타였고 유성 영화 시대에도 성공을 거둔 배우였다.

하지만 그의 이런 말들에서 보듯 인간은 자신이 딛고 선 자리를 부정하고 새로움을 추구하기 쉽지 않은 존재이다. 아마도 그가 좀 더 일찍 유성 영화에 대해 도전했다면 좋은 작품을 더 많이 남기지 않았을까? 반면, 그레타 가르보Greta Garbo는 달랐다. 1927년에 〈안나 카레니나Anna Karenina〉로 무성 영화 시대에 대스타였던 그는 유성 영화가 출연하자 곧바로 자신도 그 변화에 올라탄다. 1931 년 〈마타하리Mata ari〉로 유성 영화에서도 성공을 거두고 1936년 〈춘희Camille〉를 통해서는 절정의 유성 영화 스타가 된다.

찰리 채플린은 그로부터 4년 뒤에나 유성 영화를 처음 찍었다. 한 사람은 자신에게 주어진 새로운 자극을 억압하지 않고 받아들였고 한 사람은 외면했다.

성공은 끊임없이 과거의 자신을 버리는 과정이다. 이런 행위를 통해 과거부터 현재까지 세계 최고를 유지하고 있는 기업이 있다. 바로 인텔Intel이다. 인텔 변화의 아이콘인 앤디 그로브Andy Grove는 '전략의 변곡점'이라는 말로 유명하다. 그 변곡점이 바로 과거의 자신을 버릴 시기이다.

인텔은 하나의 제품을 출시하여 도입기, 성장기, 성숙기, 쇠퇴기를 거치는 과정에서 한창 성공의 달콤함을 맛볼 성숙기가 도래할 무렵 이미 새로운 제품을 준비하기 시작한다.

전략에 변화를 주어야 할 시기인 것이다. 그는 변화의 요구를 억압하지 않고 지각 선택했다. 여기서 전략의 변곡점보다 더 강력한 시사점을 주는 그의 말이 있다. 바로 '직원들의 말을 억압하지 말라'이다.

"변화의 목소리는 시장에서 들려온다. 시장의 소리를 가장 먼저 듣는 사람은 일선의 관리자다. 조직의 의사결정에서 상향식 전달이 중요한 이유다."

경영자가 밑에서 올라오는 말들을 선택하지 않고 억압해서는 세상과 소통할 수가 없다. 다시 개인으로 돌아가자. 지금 변화해야 할 이유를 선택하고 있는지, 변하지 않을 이유만을 찾고 있지는 않은지 돌아보자.

··· 〈열두 명의 성난 사람들〉 영화 속에서 억압 사례 찾기 ···

영화 속에 나오는 가장 재미있는 인물은 7번 배심원이다. 그는 처음부터 유무죄에는 관심이 없었다. 저녁 8시부터 시작하는 양키스 야구 경기를 보러 가야 되기 때문이다. 어느 쪽이든 빨리 결론만 나면 된다.

첫 투표에서 유죄 11표, 무죄 1표로 유죄가 우세한 상황에서 한 명 때문에 토론이 일찍 끝나지 못하게 되자 7번 배심원은 무죄를 주장한 8번 배심원을 몹시 못마땅하게 생각한다. 그 사람만 아니었더라도 벌써 토론은 끝나고 야구장으로 여유 있게 출발했을 것이라고 생각하기 때문이다.

그런데 이때 1차 토론 후 8번 배심원이 한 가지 제안을 한다. 자신은 기권할 테니 비밀 투표로 두 번째 투표를 실시해 열한 명이 또다시 모두 유죄로 생각한다면 판사에게 유죄 평결을 들고 가고 한 명이라도 무죄가 나온다면 계속 토론을 이어가자고. 이 말에 7번 배심원은 내심 신이 나서 빨리 그렇게 하자고 재촉한다. 하지만 결과는 또 다른 한 명이 무죄로 돌아선 것으로 나온다.

누가 마음을 바꿨는가를 두고 배심원실은 술렁이고 예상치 못한 9번 배심원이 자신이 입장을 바꿨다고 말하며 그 이유를 설명하기 위해 자리에서 일어선다. 그러자 7번 배심원은 듣고 싶지 않다며 화장실로 가버린다. 이때 8번 배심원은 9번 배심원에게 이렇게 말한다.

"들리지 않을 겁니다. 앞으로도 듣지 않을 거고요."

바로 억압에 의한 인위적 지각 선택 회피다. MBC 프로그램 〈100분 토론〉에서 상대방의 주장을 인정하고 내 주장을 꺾는 경우를 본 적이 있는가? 소통을 하겠다고 처음부터 마음을 먹지 않는 한 이런 일은 절대 일어나지 않는다. 어쩌면 다수결의 원칙은 민주적인 제도라기보다 이기적인 인간들이 취하는 어쩔 수 없는 선택인지도 모른다. 나는 나와 의견을 달리하는 사람의 말을 귀 기울여 들어본 적이 있는가?

summary

● 용어의 정의 ●

❶ **무성 영화 :** 배우의 목소리가 나오지 않고 화면만 나오는 영화이다.

❷ **전략의 변곡점 :** 기업이 시장에서 새로운 전략을 추구해야 할 시점을 말한다.

● 생각해 볼 내용 ●

❶ 내가 버려야 할 과거의 성취는 무엇인가?

❷ 우리 회사의 제품은 수명 주기의 어느 지점에 와 있는가? 새로운 전략을 추구해

　야 할 시점이 도래하지 않았는가?

당신도 불통이다

인간은 쉬운 판단을 한다: 인지적 구두쇠

    회사에 명시된 인사 평가 규정은 영업 실적, 윤리성, 책임감, 협동성 등을 골고루 반영한다고 되어 있지만 결국 영업 실적에서 가장 높은 점수를 받은 사람이 승진하는 이유는 무엇일까?

    운동 경기에서 축구는 골을 넣는 공격수의 역할뿐만 아니라 수비수의 역할도 중요한데 연봉은 공격수가 더 많이 받는다. 야구에서는 수비, 주루도 중요하지만 홈런을 많이 치는 선수가 연봉을 가장 많이 받는다. 마찬가지로 농구에서도 리바운드, 스크린 플레이, 어시스트도 중요하지만 득점을 많이 하는 선수가 연봉을 훨씬 많이 받는다. 이유가 무엇일까? 이것도 소통의 원리와 무관하지 않다.

인사 평가 규정에는 여러 항목에 걸쳐 가중치가 골고루 분산되어 있음에도 평가자가 임의로 영업 실적에만 가중치를 더 부여한 것은 사람이 인사 평가 자료를 잘못 지각한 지각 오류다. 축구에서 수비만 잘해도 0:0으로 비길 수 있고 공격수가 아무리 골을 많이 넣어도 수비수가 제 역할을 다하지 못하여 실점을 많이 하면 이길 수 없다. 그러므로 수비수들이 제대로 된 대우를 받지 못하는 것도 지각 오류에서 비롯된 것이다. 대체 이러한 일은 왜 발생하는가?

··· 인지적 구두쇠 ···

인간이 이기적인 존재임을 고려한다면 자신 앞에 주어진 문제에 대해 정보를 꼼꼼히 분석하여 이익이 되는 방향으로 행동해야 하지만 때로는 납득하기 어려운 선택을 하는 경우도 많다. 이를 두고 인간은 제한적으로만 합리적이라고 말한다. 제한된 합리성을 설명하는 근거는 여러 가지가 있지만 인간이 가진 인지적 구두쇠 성향도 그 중 하나다.

인지적 구두쇠란 인간이 인지적으로 많은 에너지를 소비하기 싫어하여 대상을 손쉽게 판단해 버리는 경향을 말한다. 이로 인해 최적의 대안을 찾기보다 적당히 만족하는 대안을 찾고 마는 경우가 발생한다. 이러한 성향은 의사소통에도 고스란히 나타난다. 외부 현상이나 타인의 말에 대해 그것을 둘러싼 자료를 최대한 많이 수집하고 객관적으로 분석해야 함에도 본능적인 인지적 한계와 더불어 쉽게 판단을 내리려는 습관이 발동한다. 내가 과거에 겪은 결과로 이미 가지고 있는 인상을 끄집어내거나, 나에게 이익이 되는 방향으로만 해석하기도 한다. 낯선 것에 대해서는 고민하기보다 쉽게 외면해 버리는 성향도 모두 인지적 구두쇠를 설명하는 현상들이다.

인사 평가에서 여러 항목들을 다 고려하지 않고 영업 실적이 가장 뛰어난 사람을 승진시키는 것은 수치화로 쉽게 구분이 가능한 자극에 더 집중했기 때문이다. 선택하기 쉬운 자극을 받아들이는 것과 같은 현상이다. 축구에서 수비수의 팀 기여도를 평가하는 것은 매우 어려운 작업이다.

반면 골을 넣는 횟수는 숫자로 쉽게 드러나기 때문에 평가하기가 쉽다. 공격수가 더 좋은 평가를 받는 이유다. 이처럼 사람은 현상을 대할 때 또는 대화할 때 자신이 해석하기 어려운 것은 노력을 덜하게 되고 쉽게 받아들여지는 것만을 우선시하기 때문에 종합적인 판단으로 대화에 임하기 어렵다.

어쩌면 소통은 인간이 생존을 위해 인간이 지닌 본능과 싸우는 과정인지도 모른다. 생존을 위해서는 인간을 둘러싼 현상을 올바르게 지각해야 하고 타인과도 좋은 관계를 형성해야 한다. 그런데 인간의 본능은 에너지를 적게 쓰고 자기중심적으로 생각하려는 쪽으로 발동한다. 인간은 이미 생명체로서의 개별 동물이라기보다 사회적 동물로 진화했는데도 의식의 작용은 그에 미치지 못하고 있다. 사회적 인간은 내 것을 지키는 것이 아니라 내 것이 틀렸을 수도 있다는 생각을 가질 때 오히려 사는 길이 열린다. 이것을 이미 실천하고 있는 사람을 우리는 마음이 넓다, 사회성이 좋다, 대인관계를 잘한다는 말로 칭찬하고 닮고 싶어 한다. 반면 나는 절대 바뀌지 않은 채 말이다.

인지적 구두쇠를 벗어나는 길은 끊임없는 자기 부정이다. 내가 알고 있는 것이 맞는가? 더 나아가 '내가 형성한 가치관이 맞는가? 부모님, 선생님, 시대 상황에 의해 강제된 것은 아닌가?', 더불어 '내가 수집한 자료 말고 다른 자료가 더 있지는 않는가?' 등을 고민하는 일이다. 물론 힘이 든다. 그러나 힘든 만큼 의식적인 노력이 필요하다.

한편 이렇게 자기를 버리는 일은 인류의 오랜 고민이었던 것 같다. 노자는 『도덕경』에서 '나를 버리기에 자기를 보존한다. 자기부정의 길이 자기 긍정의 길이다'라고 말했고 불교에서는 같은 의미로 '아상我相을 버려라'라고 말한다. 예수는 '누구든지 나를 따라오려거든 자신을 버리고 자기 십자가를 지고 나를 따를 지어다'라고 말했다.

당신도 불통이다

이 질문을 습관화해보자. 나는 지금 객관적이고 종합적인가? 내가 알고 있는 것은 무엇이고 모르는 것은 무엇인가? 알고 있지만 잘못 알고 있지는 않은가? 내가 모른다는 자체를 모르고 있는 것은 무엇인가?

summary

● 용어의 정의 ●

❶ **제한된 합리성** : 인간은 늘 합리적일 것 같지만 때로는 자신의 이익에 반하거나 최적이 아닌 엉뚱한 결정을 내리기도 하는 성향을 말한다.

❷ **인지적 구두쇠** : 에너지가 많이 소모되는 인지 상황에서 종합적으로 상황을 검토하기보다 손쉽게 판단하려는 성향이다.

● 생각해 볼 내용 ●

일상에서 또는 조직에서 나의 이익 극대화를 추구하지 않고 귀찮다는 이유로 또는 감정적인 판단으로 손쉽게 의사결정을 내린 적은 없는가?

99는 100이 아니다: 지각 폐쇄

소통은 메시지를 서로 교환하는 과정이다. 결국 메시지를 얼마나 잘 만들고 잘 전달하는지가 성패를 결정한다. 그 첫 단계인 메시지를 만드는 일은 결코 쉽지 않다. 현상을 보고 메시지를 만들거나 청자의 말을 듣고 대답할 메시지를 만드는 일 모두 그렇다. 이번에 다룰 지각 폐쇄 역시 메시지를 잘못 만들게 하는 오류 중에 하나다.

51%의 지지율로 당선된 정치인이 선거운동 중에는 반대측 후보의 공약도 좋은 것은 받아들이겠다고 말하다가 막상 당선되면 자기 공약에만 공을 들이는 이유는 무엇일까? 당선이 된 다음에는 마치 자신이 만장일치로 당선된 것으로 받아들이기 때문이다.

100에서 51을 뺀 나머지를 채워서 완전체로 지각한 것이다. 이렇게 인간이 대상을 지각할 때 부족한 부분을 채워서 지각하는 것을 지각 폐쇄의 오류라고 한다.

오늘은 우리 팀 회식이다. 팀장님이 회식 메뉴를 다수결로 결정하자고 하신다. 삼겹살 4표, 생선회가 3표 나와서 오늘은 삼겹살을 먹기로 했다. 이때 팀장님이 지각 폐쇄의 오류를 범하지 않는 사람이라면 오늘 아쉽게 생선회를 못 먹은 사람들을 위해서 다음 회식은 횟집으로 갈 것이다. 하지만 삼겹살을 먹을 때 마치 만장일치로 메뉴가 결정된 것으로 착각하고 다음 회식 때 또다시 다수결을 시도한다면 지각 폐쇄의 오류를 범하는 것이 된다. 현상을 있는 그대로 지각하지 못하고 자기 마음대로 변형하여 지각하는 것, 바로 지각 조직의 오류이다.

〈열두 명의 성난 사람들〉에서 첫 번째 투표가 끝난 후 7번 배심원이 한 말에서도 지각 폐쇄의 오류를 볼 수 있다. 유죄 11표, 무죄 1표가 나온 상황에서 무죄에 표를 던진 8번 배심원이 지금부터 토론을 시작하자고 제안하자 7번 배심원은 이렇게 말한다.

"더 이야기할 게 뭐 있소? 11명이 유죄라는데."

11대 1은 12대 0이 아니지만 채워서 만장일치로 지각해 버린 것이다. 지각 폐쇄가 발생하면 소수의 의견은 언제나 무시된다. 사회도 조직도 다양성이 없는 곳이 된다. 하지만 영화에서 지각 폐쇄의 오류를 범하지 않는 사례가 있다. 사실 지금까지 독자의 편의를 위해 유죄와 무죄로 표현했지만 실제 영화에서는 배심원이 선택할 수 있는 두 가지를 유죄와 무죄로 표현하지 않고 'guilty', 'not guilty' 즉 '유죄'와 '유죄 아님'으로 표현하고 있다.

배심원들의 토론 끝에 소년에게 죄가 없는 것으로 보인다고 의견이 모아질지라도 소년은 풀려나는 것이 아니다. 재판을 다시 받는 것이다. 증거 불충분이나 정황 증거만으로 판단하기 어려우므로 유죄라고 단정 짓기 어렵다고 해서 바로 무죄가 되는 것이 아니다. 유죄와 무죄 사이에서 유죄 아님이 존재하는 것으로 보는 것이다. 만약 유죄에서 무죄로 바로 바뀌게 되면 그것은 지각 폐쇄의 오류가 된다.

··· 불만족과 만족 ···

불만족의 반대는 만족일까? 집에서 아이들이 불만족하는 요소를 모두 제거해주고 이제 만족하고 공부나 열심히 하라고 말하면 되는 걸까? 회사에서 경영자가 직원들에게 불만족 요인을 말하라고 한 뒤 모두 들어주고 이제부터는 만족하고 열심히 일하라고 하면 되는 걸까? 불만족의 반대를 만족이라고 인식하면 그것은 지각 폐쇄의 오류를 범하는 것이다. 이런 사람은 의사소통을 잘할 수 없다. 상대를 전혀 공감하지 못하고 있기 때문이다. 불만족의 반대는 만족이 아니라 '불만족 아님'이다. 유죄의 반대가 무죄가 아니라 '유죄 아님'인 것과 같은 이치다.

가정에서 남편이 아내와, 또는 부모와 아이들이, 회사에서 경영자와 조직원이 소통을 잘하기 위해서는 불만족 요인과 만족 요인이 무엇인지부터 알아야 한다. 그러기 위해서는 먼저 허즈버그 Frederick Herzberg의 2요인 이론Two-Factor Theory을 살펴보아야 한다.

허즈버그는 조직에서 직원들이 불만족하는 원인은 위생 요인이 갖춰지지 않았기 때문이라고 했다. 위생 요인이란 말 그대로 생명을 둘러싸서 보호해 준다는 의미로 우리의 삶과 직결되는 1차적인 조건을 말한다. 급여, 안전, 퇴직금, 복리후생 등이 그것이다. 2요인 이론의 다른 하나인 동기 요인은 인정, 성취, 성장 등을 말한다. 직장인이 조직에서 동기를 부여받기 위해 제공되어야 할 요소들이다. 2요인 이론에 의하면 인간은 위생 요인이 없을 때 불만족하고 동기 요인이 주어질 때 만족한다.

여기서 중요한 것은 위생 요인이 주어질 때 불만족에서 바로 만족으로 넘어가는 것이 아니라 먼저 불만족 아님 상태가 된다는 것이다. 여기서 한 발짝 더 나아가 동기 요인이 주어져야 만족하게 된다. 따라서 지각 폐쇄의 오류를 범하고 있는 경영자는 직원들에게 월급을 올려 줬으니 이제 만족하고 열심히 일하라고 말한다. 지각 폐쇄의 오류를 범하는 남편은 돈을 벌어다 주었으니 만족하라, 지각 폐쇄를 범하는 부모들은 학원 보내 주고 과외 시켜 주고 맛있는 거 사 주었으니 공부 열심히 하라고 말한다. 인간은 위생 요인만으로 만족의 단계까지 가지 못하는데 말이다. 직원들은 자신이 이 회사에서 커갈 수 있도록 교육받고, 인정받고 승진할 때 만족의 단계로 간다. 아내는 월급 갖다 줬다고 만족하는 것이 아니라 수고 많다는 따뜻한 말을 들을 때 만족한다. 아이들도 마찬가지다.

소통은 내가 대상을 인식하여 형성한 메시지를 상대에게 전하는 과정이다. 이때 대상 또는 현상을 올바르게 지각하지 못한 채 잘못된 메시지로 소통을 아무리 시도해 봤자 될 리가 없다. 상대를 전혀 공감하지 못하고 있는데 소통이 되겠는가? 공감이란 함께 느낀다는 뜻으로 같은 느낌을 갖는다는 의미다. 같은 느낌은 현상을 동일하게 바라볼 때 가능하다. 지각 조직이 무서운 이유다. 대상을 함부로 변형하지 마라. 지각 폐쇄 역시 대표적인 지각 조직의 오류이다.

● 용어의 정의 ●

❶ **지각 폐쇄 :** 대상을 인지할 때 부족한 부분을 있는 그대로 바라보지 않고 임의로 채워서 완전체로 만들어 버리는 것이다.

❷ **허즈버그의 2요인 이론 :** 조직에서 구성원은 위생 요인이 충족되지 않으면 불만족하고 동기 요인이 충족되면 만족한다는 이론

● 생각해 볼 내용 ●

❶ 조직에서 리더로서 구성원에게 동기 요인을 충분히 제공하고 있는가? 위생 요인만 갖춰 주고 만족하라고 말하지는 않는가?

❷ 가정에서 자녀가, 남편이 혹은 아내가 진정으로 원하는 동기 요인은 무엇일까?

PART 5

상대를
공감하라

부장님도 집에 가면
다정한 아빠다: 페르소나

페르소나는 그리스어로, '가면'이라는 뜻을 가지고 있지만 현재는 사람의 성격, 인격, 역할의 의미로 더 널리 쓰인다. 모든 사람은 역할과 장소에 따라 저마다의 페르소나를 바꿔 쓰며 살고 있다. 예를 들어 회사에서 부장의 직위를 가진 남자는 집에 가면 아버지의 페르소나를 쓰지만 회사에 가면 다시 부장의 페르소나를 쓴다. 소통에 있어 페르소나가 중요한 이유는 사람의 말과 행동은 당시의 페르소나가 결정하기 때문이다. 집에 가면 든든한 가장이요 따뜻한 아빠인 사람이 회사에서 부장의 페르소나를 쓰게 되면 직원에게 업무의 데드라인을 강조하고 성과를 압박하는 사람이 되기도 한다. 그러다 회식 장소에서 잠시 부장의 페르소나가 엷어지면 다시금 인간적인 면모를 보이기도 한다.

그렇다면 우리 부장님이 나에게 그토록 성과를 압박하는 이유는 무엇일까? 부장님이 원래 몰인정하고 나쁜 사람이라서가 아니라 부장의 역할을 수행해야만 하기 때문은 아닐까? 부장님도 이사님과 사장님으로부터 역할에 맞는 행동을 요구받고 있어서 그런 것은 아닐까?

이렇게 상사를 대할 때, 상사의 페르소나를 이해한다면 그를 공감하기가 한결 쉬워진다. 사람에게 공감하고 나면 소통도 편해지는 건 당연하다.

한편 가정에서도 자녀가 부모를 이해하지 못해 많은 불통이 발생하기도 한다.

"나는 왜 흙수저냐고!"

"아버지하고 정치 얘기만 하면 싸우게 된다."

흔히 볼 수 있는 자녀들의 하소연이다. 이 역시 아버지의 페르소나를 이해하고 공감하고 나면 아무런 문제가 되지 않는다.

소설가 손홍규는 그의 칼럼 '경계에 선 사람들'에서 다음과 같은 아버지와의 일화를 소개한 적이 있다. 원래 농사를 지으셨던 그의 아버지는 손홍규 소설가가 초등학생일 때 농사를 작파하고 고물 트럭을 한 대 사서 잡화상을 시작하셨다. 품목은 여러 차례 바뀌기도 했는데 모조품 운동화를 팔았던 어느 날에 그는 아버지를 따라 장사를 하러 간 적이 있었다. 하루 종일 팔아서 두 켤레, 순이익 6천 원을 벌고 덜덜거리는 트럭을 타고 집으로 돌아오던 길을 다음과 같이 묘사한다.

"결국 우리는 두 켤레를 팔았던 셈이고 내가 알기로 6천 원쯤을 벌었다. 동네 이웃집에 놉품삯과 음식을 받고 일하는 품팔이 일꾼으로 가서 하루 종일 논 일을 거들면 1만 5천 원을 벌 수 있었는데 경운기 몰던 손으로 트럭을 몰고 논두렁에 앉아 새참을 먹는 대신 구멍가게에서 사 온 빵과 우유로 끼니를 때우며 대지와 하늘이 아니고서는 한 번도 허리를 굽힌 적 없는 당신이 지나는 모든 사람들에게 굽실거리면서도 하루 품팔이만도 못한 품삯을 쥔 채 캄캄한 국도를 달려갈 때 어떤 심정이었을지를 헤아리게 된 순간부터였을 것이다. 고창 읍내에서 고향집까지 가면서 내가 보았던 건 캄캄한 어둠뿐이었다. 전조등이 비춘 만큼만이 열려 있었고 우리가 지나가면 그 공간 역시 어둠에 잠겼다. 끝도 없는 어둠 속을 헤치고 나가면서 아버지의 삶 한복판을 가로지르는 기분이었다."

자식이 아버지의 삶을 이해하는 순간, 자식이 아버지의 페르소나를 이해하는 순간 흙수저나 정치적 성향은 더 이상 문제가 되지 않는다. 아버지가 낡은 트럭의 전조등으로 칠흑 같은 어둠을 가로질러 살아 왔다는 것을 알게 되는 순간 더 이상 소통을 막는 장애물은 없어진다.

나 역시 이와 같은 과정을 겪고서야 아버지와의 불통이 사라질 수 있었다. 나의 아버지는 농사를 지으시다가 자식 교육을 위해 마흔의 나이에 도시로 이사를 나왔다. 친척분께 부탁하여 얻은 일자리는 좋게 말하면 건물 관리원이요 쉽게 말하면 경비원이었다. 1997년 IMF 금융 위기 전만 하더라도 대부분의 기업에서는 경비원도 정직원이었다. 월급도 농사짓고 비료값에 농약값을 뺀 것보다는 훨씬 나았다.

그러다 나는 1997년에 군대에 입대했고 쫄병 시절에 IMF를 맞았다. 아버지의 회사는 위기를 맞자 경비원부터 해고했고 얼마 가지 않아 부도가 났다. 나는 군대에서 아버지의 실직을 전해 들었다. 하지만 그때는 내 몸도 힘든 터라 아버지의 상황을 이해할 여유도 없었고 그럴 그릇 자체가 못되던 때였다. 좀 쉬시다가 무슨 일이든 하시겠지 막연히 그렇게 생각했을 뿐이다.

그리고 20년의 세월이 흘렀다. 나는 잘 다니던 회사를 그만두고 제 발로 걸어 나왔다. 금융 위기도 아니었고 회사도 망하지 않았다. 나는 내가 하고 싶은 일을 하기 위해 스스로 사표를 던지고 나왔다. 강의를 하기 위해서였다. 처음에는 퇴직금으로 대학원도 다니고 강사로서 갖추어야 할 교육도 받으면서 내가 예상했던 과정을 밟아 나갔다. 모든 것이 순조로웠다. 하지만 공부가 끝나 갈 무렵 이제 내 힘으로 밥을 벌어야 할 시점에 강의는 생각보다 많지 않았다. 예상했던 금전 계획의 데드라인은 다가오고 있는데도 별다른 희망이 보이지 않는 상황이 되고 말았다.

　나는 그 순간에서야 20년 전 아버지의 상황에 감정이 이입되었다. 나는 대학도 나왔고 대학원도 나왔으며 회사도 내 발로 걸어 나왔는데도 세상이 이토록 두려운데 당시 아버지의 심정은 어땠을까? 대학도 못 나오고 원치 않게 직장을 잃었으며 경력조차 농사와 경비가 전부인데, 어디로 간단 말인가? 그리고 당시는 IMF가 아닌가? 모든 기업이 어려운 상황이었다. 내가 맞은 상황은 불경기이긴 해도 IMF와 같은 위기는 아니었다.

　그 때 아버지 앞에 놓인 칠흑 같은 어둠을 아버지는 덜덜거리는 트럭의 희미한 전조등을 비추며 어떻게 헤쳐 나왔던 것일까? 농사와 경비원이 경력이라는 사람을 받아 주는 곳은 어디일까? 나는 내가 삶의 위기를 맞고서야 비로소 아버지의 페르소나를 이해할 수 있었던 것이다.

　그동안 아버지와의 갈등도 많았고 원망도 많았다. 아버지와 나는 성격도 다르고 세상을 보는 방식이 많이 달랐기 때문이다. 하지만 20년 전 아버지가 맞닥뜨린 상황과 당시에 아버지가 쓰고 있던 페르소나를 본 순간 다름은 아무런 문제가 되지 않았다. 지금도 아버지와의 다름은 하나도 해결되지 않았는데도 말이다.

　어쩌면 이 책의 앞에서 수많은 소통의 오류들을 이야기하고 그

것들이 없어지면 불통도 없어질 것이라고 이야기했지만 결국 정답은 상대를 이해하는 데 있는 것이 아닐까? 생각해 보자. 내 앞의 상대는 지금 어떤 삶을 살아가고 있는가? 그는 지금 어떤 상황에 처해 있는가? 그는 지금 어떤 페르소나를 쓰고 있는가?

summary

● **용어의 정의** ●

페르소나 : 그리스어로 '가면'이라는 뜻으로 사람의 성격, 역할을 나타낸다.

● **생각해 볼 내용** ●

❶ 직장에서 상사는 어떤 페르소나를 쓰고 있기에 그런 소통의 방식을 택하고 있는지 생각해 보자.

❷ 가정에서 부모님, 아내, 남편, 자녀의 페르소나를 이해해 보자.

당신도 불통이다

 2019 likes

 # 페르소나에 대한 이해

페르소나는 가면을 의미한다.
사람은 누구나 상황에 맞는
가면을 바꿔 쓰면서 살아 간다.
누군가의 소통 방식도 페르소나의
성격에 따라 달라진다.
타인과 소통을 잘하는 방법은
무엇보다도 상대의 페르소나를
이해하는 것이 가장 중요할지도 모른다.

자세히 듣고 들었으면 반응하라: 경청과 맞장구

앞에서 언급한 중국 진나라 재상 상앙의 사례에서 강조한 신뢰와 더불어 기술적인 요인이 아닌 진정성을 통해 화자의 메시지를 선택하게 하는 또 하나의 방법은 경청이다. 경청은 존중을 바탕으로 상대의 말을 들어준다는 의미다. 화자로서 내 말을 청자가 들어주기를 바란다면 내가 청자일 때 상대의 말을 진정성 있게 들어주는 것이 중요하다. 사람은 누구나 자기가 더 많은 말을 하고 싶어 하고 상대가 내 말을 성의 있게 들어주기를 원한다. 모두가 이런 생각을 하는 가운데에 화자와 청자가 만나서 소통을 할 때 청자는 없고 화자만 있다면 어떻게 되겠는가? 소통 자체가 이루어지지 않는다.

당신도 불통이다

그런데 모두가 화자로만 이루어진 상황은 우리에게 결코 낯선 풍경이 아니다. 직장의 회의실이 그렇고 TV 프로그램 〈100분 토론〉이 그렇다. 상대가 무슨 말을 하는지는 관심이 없고 그저 상대의 말이 끝나기만을 기다리는 것이다. 중간에 말을 자르고 들어오지 않으면 그나마 다행이다. 그러면서 다음에 내가 무슨 말을 할까하고 준비한 서류를 뒤지기에만 여념이 없다. 모두가 이런 마음이라는 것은 거꾸로 이야기하면 모두가 내 말을 들어주기를 간절히 원한다는 것이기도 하다. 이때 누군가 내 말을 들어준다면 어떻게 되겠는가? 나 역시 그 사람 말을 잘 들어주고자 하는 마음이 생길 것이다.

이것은 설득의 심리학과도 연결할 수 있다. 로버트 치알디니Robert B. Cialdini는 그의 저서 『설득의 심리학1996』에서 상대를 설득할 수 있는 방법으로 여섯 가지를 제시한다. 상호성의 원칙, 일관성의 원칙, 사회적 증거의 원칙, 호감의 원칙, 권위의 원칙, 희귀성의 원칙이 그것이다. 의사소통의 첫 번째 관문인 청자가 나의 말을 선택하도록 하는 것은 결국 청자를 설득하는 것의 첫 관문이기도 하다. 설득의 여섯 가지 법칙 중에 의사소통에도 적용되는 것이 바로 상호성의 원칙과 호감의 원칙이다.

책에 쓰인 정의부터 살펴보면 상호성의 원칙이란 인간이 다른 사람에게 무언가를 받으면 그에 상응하는 보답을 해야 한다는 의무감을 가지게 된다는 뜻이다. 호감의 원칙은 자신이 호감을 가지고 있는 사람의 부탁을 더 잘 들어 주고 싶어 한다는 의미다. 호감을 얻는 요인으로는 외모, 성격과 취미, 라이프 스타일의 유사성, 칭찬, 접촉과 협조가 있다.

생각해 보라. 상대가 내 말을 먼저 귀담아 들어준다면 호감이 생기지 않겠는가? 그리고 당연히 나도 그의 말을 잘 들어주어야겠다는 의무감도 들 것이다. 이때 경청과 함께 상대의 말을 그대로 반복해서 말해 주는 것도 중요하다.

A : "내가 지난 주말에 시내에 있는 대형 서점에 갔는데 사람 정말 많더라."

B : "주말에 시내에 있는 대형 서점에 갔었는데 사람이 정말 많았다고?"

이렇게 말이다. 이처럼 문장을 그대로 반복해 주는 것이 중요한 이유는 화자가 이 말을 꺼낸 원래 의도를 풀어낼 수 있도록 해 주기 위함이다. 그런데 현실에서는 문장을 그대로 반복해 주기 보다는 화자의 말을 받아서 자신의 이야기를 시작하는 경우가 많다.

A : "내가 지난 주말에 시내에 있는 대형 서점에 갔는데 사람 정말 많더라."

B : "그랬어? 나도 주말에 대형 서점에 갔는데 사람이 너무 많아서 결국 계산대에 줄서서 기다리다 지쳐서 그냥 왔지 뭐야. 그래

서 집에 와서 인터넷으로 주문했어."

여기서 한 번 생각해 보자. A라는 사람이 B를 만나서 대형 서점에 간 이야기를 꺼냈을 때는 원래의 의도가 있지 않았을까? 다음과 같은 경우를 생각해 볼 수 있다.

A : "내가 지난 주말에 시내에 있는 대형 서점에 갔는데 사람 정말 많더라."

B : "주말에 시내에 있는 대형 서점에 갔었는데 사람이 정말 많았다고?"

A : "응. 그런데 그 사람들 중에서 중학교 때 선생님을 만났어. 그래서 식사도 대접하고 옛날 얘기도 하고 정말 좋았어."

보다시피 A는 대형 서점 이야기를 통해 중학교 선생님을 만났던 이야기를 하고 싶었던 것이다. 그런데 B는 A가 하고 싶은 말을 꺼낼 틈도 없이 자신의 말을 이어감으로써 A의 대화 의지를 꺾고 말았다.

이처럼 화자의 말을 단순 반복해 주는 것과 더불어 또 하나 중요한 것이 맞장구와 추임새다.

"그래?", "아, 그랬구나", "저런, 힘들었겠다"와 같은 맞장구와 추임새를 넣어줌으로써 화자가 신이 나서 말을 할 수 있게 만들어 주자. 그러면 그도 당신의 말을 잘 들어 줄 것이다.

● 용어의 정의 ●

❶ **상호성의 원칙** : 타인에게 받으면 그만큼 주어야 한다는 의무감을 가지게 된다
는 원칙

❷ **호감의 원칙** : 사람은 호감 가는 사람의 부탁을 더 들어 주고 싶어 한다는 원칙

● 생각해 볼 내용 ●

❶ 상대가 말을 하면 문장을 그대로 반복해서 되물어 주자.

❷ 상대의 말에 맞장구와 추임새를 넣어 주자.

당신도 불통이다

자신의 감정은 알아차리고
상대에게는 이입하라:
감성의 리더십

"저는 욱하는 성질이 있어서 순간을 참지 못하고 관계를 망치는 경우가 많습니다."

"제 마음에 들지 않는 상황을 보면 순간적으로 화가 나서 잘 참지 못합니다."

심리 상담에서 단골로 나오는 질문 중에 하나다. 이때 상담을 해주는 사람의 한결같은 대답은 이렇다.

"욱하는 성질, 남들보다 쉽게 화가 치밀어 오르는 성격은 타고난 것이므로 고칠 수가 없다. 중요한 것은 내가 그런 특징을 가진 사람이라는 것을 인정하는 것이다. 그래서 화가 치밀어 오르는 순간을 인식하는 연습을 해야 한다.

'아, 내가 지금 또 화가 나고 있구나.'

이렇게 인식하는 것이다. 그리고 입 밖으로 말이 튀어 나가지 않도록 연습하고 습관화해야 한다."

한 사람이 인생을 살면서 많은 어려운 일을 겪게 되지만 외부에서 주어지는 문제보다, 자기 내부에서 처리해야 하는 일인 감정을 다스리는 문제만큼 어려운 일이 또 있을까? 사는 일은 감정을 내 마음대로 표출하고 후회하고 그러지 말자 다짐하고선 또 다시 실수를 반복하고, 다시 후회하는 것의 반복이기도 하다.

그런데 언제까지 반복만 하고 있을 수는 없지 않을까? 생각해 보면 그동안 내가 조절하지 못한 감정 때문에 떠나보내거나 멀어진 사람도 적지 않을 거란 생각이 든다. 이제는 감정의 노예에서 벗어나 내 감정을 지배하는 방법을 알아볼 때가 왔다.

청자의 말을 경청하고 내 메시지도 객관적으로 만들려고 노력하면서 어렵게 관계를 형성해 놓고도 한 번의 실수로 모든 것을 망칠 수도 있다.

그게 바로 순간의 화를 참지 못하고 나오는 대로 말해 버리거나 상대의 감정을 읽지 못하고 일방통행으로 소통에 임했을 경우이다. 그런데 다행히 감정을 다스리는 법에 대해 잘 정리해놓은 책이 있으니 다니엘 골먼Daniel Goleman 외 2명의 저자가 쓴 『감성의 리더십2003』이다.

··· 감성의 리더십 ···

지능이라 하면 인지적 지능인 IQ만 정의되어 있던 시대에 가장 먼저 '감성도 지능이다'라고 말한 사람이 이 책의 저자 중에 한 명인 다니엘 골먼이다.

Q는 Quotient의 약자로 몫, 지수라는 뜻이며 값을 나타낸다. 그는 사람의 감정, 감성도 값이 있다고 말한다. IQ를 측정하는 영역으로 언어 능력, 수리력, 추리력, 공간 지각력 등이 있다면 EQ인 감정 지능을 구성하는 네 가지에는 자기 인식 능력, 자기 관리능력, 사회적 인식 능력, 관계 관리 능력이 있다.

먼저 자기 인식 능력이다. 자기를 인식한다는 것은 '원래 나는 A와 같은 특징을 가진 사람이다'라는 것을 아는 것임과 동시에 그런 특징에 기반하여 감정이 일어나는 순간을 인지하는 능력이다.

따라서 자신의 장점과 한계를 명확히 아는 것이 우선한다. 자신의 그러한 특징에 의해 언제든지 그에 기반한 감정적 상황을 겪게될 것을 가정하고 있어야 한다. 이렇게 되면 부부간의 상황, 자식과의 대화, 직원과의 대화 과정에서 감정이 치밀고 올라올 때 그 감정을 인지할 수 있게 된다. 이제 자기 인식의 의미를 알았다면 가장 먼저 내 감정이 발생하는 순간을 기다렸다가 잡아내는 연습을 한 번 해 보길 바란다. 관리와 통제는 대상을 알고 난 뒤에야 가능하다.

두 번째는 자기 관리 능력이다. 자신의 감정을 관리한다는 것은 일어나는 감정에 휘둘리거나 놀아나지 않고 내 의도를 개입시킨다는 의미이다. 자식이나 직원, 동료가 약속을 지키지 않아서 화가 날 때가 있다.

그래서 감정이 올라올 때 평소와 같이 화가 난 가운데 "왜 또 약속을 지키지 않는 거야?"라고 말을 내뱉어 버릴 수 있지만 먼저 자기 인식을 통해 '내가 지금 화가 나고 있구나, 나는 원래 약속 어기는 것을 몹시 싫어하는 사람이지. 그래서 지금도 화가 나는구나'하고 인지한다. 그러고 나서 그러한 감정 상태일 때 평소처럼 상대를 비난하는 말을 하지 말고 일단 잠깐 호흡을 가다듬는다.

그리고 현상을 비난하기 보다는 상황을 묻는 질문을 한 번 해 보자 하고 마음을 먹는다. 여기까지 잘 왔다면 이렇게 말하는 것이다.

"무슨 다른 바쁜 일이라도 있었어?"

이것이 자기 관리다.

세 번째는 사회적 인식 능력이다. 이는 타인 인식 능력이라고도 하며 감정 이입 능력, 조직적 인식 능력, 서비스 능력으로 구성된다. 감정 이입이란 다른 사람의 감정을 헤아리고 그들의 시각으로 사물을 보는 능력이다.

상대가 어떤 상황이기에 저런 감정을 갖게 되었는지, 내가 저 감정이라면 지금 기분이 어떠할지 생각할 줄 아는 능력을 말한다. 사람 사이의 소통을 잘하기 위해서는 감정 이입만으로도 충분하지만 기업 조직에서 일하는 사람이라면 조직적 인식 능력, 즉 '조직의 어떤 특성으로 인해서 이러한 의사결정이 나왔는가, 왜 이런 현상이 발생했는가?'를 아는 능력도 필요하다.

상사가 나에게 화를 내는 것은 그의 개인적 성격 문제일 수도 있지만 상사도 조직의 상부로부터 받는 압력이 있고 조직 목적을 이루기 위해서 어쩔 수 없이 나에게 화내는 것이라고 인식할 수 있어야 한다. 이것이 타인을 인식하는 능력이다.

그런 다음 상대가 진정으로 원하는 것을 알아차리고 부응하는 서비스 능력을 발휘해야 한다. 그래야 감정 지능이 높은 사람이라 할 수 있다.

네 번째는 관계 관리 능력이다. 이것은 리더십이다. 타인을 인식하여 그들의 감정을 알아차리는 데 그치지 않고 관계를 내가 주도적으로 형성하는 능력이다. 상대에게 동기를 부여하며 다양한 설득의 방법을 구사할 줄 아는 능력이다. 나아가서 적절한 피드백으로 상대의 방법을 지지하고 그들을 공동의 목표로 이끄는 능력을 말한다.

『감성의 리더십』이 리더십에 대한 책이다 보니 책은 전반적으로 조직에서 리더가 자신의 감정을 알고 구성원의 감정을 읽어 조직 목표를 달성하는 방법을 설명하고 있지만 개인이 읽고 소통의 원리에 적용해도 많은 도움이 되는 내용이다. 직장인이 아니더라도 읽어 보길 추천한다.

summary

● 용어의 정의 ●

❶ **인지적 지능** : IQ로서 언어, 수리, 추리, 공간 지각 능력

❷ **감성적 지능** : EQ로서 자기 인식, 자기 관리, 사회적 인식, 관계 관리 능력

● 생각해 볼 내용 ●

❶ 화가 날 때 "내가 또 화가 나는 중이구나"하고 인식해 보자.

❷ 상대가 화를 낼 때 저 사람이 지금 이런 기분이기 때문에 화를 내겠지 하고 공감해 보자.

상대가 화를 내고 있을 때가 기회다: 감정 코칭

소통이 그저 평온한 감정 상태인 상대에게 나의 메시지를 전하는 일에 그친다면 그다지 어려운 일이 아닐 수도 있다. 주관을 배제한 메시지를 만들어 조용한 소통 환경에서 주장과 근거를 말하는 것으로도 쉽게 이루어질 수 있다.

그런데 우리는 늘 그런 상대만을 대하는 것이 아니다. 마치 운전 면허 학원에서 막힘 없는 도로 환경 아래 내가 배운 대로만 운전하다가 실제 도로에 나가 보면 느닷없이 끼어드는 자동차, 갑자기 서는 자동차, 양보 없이 제 갈 길만 가는 자동차 등이 혼재하는 예측 불가능한 상황을 맞이해야 하는 것처럼 소통도 그런 상황에서 진행되기도 한다.

무언가 잔뜩 불만이 있는 사람, 다른 일로 기분이 나빠져 있는 사람, 이유 없이 화내는 사람 등 다양한 감정 상태를 가진 사람들을 대상으로 하는 것이 바로 소통의 실전이다. 이럴 때 우리는 어떻게 하는가?

『내 아이를 위한 감정코칭2011』에서 가트맨, 최성애, 조벽은 부모가 아이의 감정을 대하는 나쁜 방식으로 세 가지 사례를 들고 그 해법으로 감정을 코칭하는 방법을 제시한다.

이 방법을 잘 이용한다면 성인의 감정을 대하는 방식도 유추해낼 수 있지 않을까? 먼저 책에서 세 가지 감정 대응 방식을 인용해 본다.

⋯ 감정 축소 전환하기 ⋯

아이가 치과에서 충치 치료를 받기가 무서워 떼를 쓰고 발버둥을 치는 상황에서 부모가 이렇게 말한다.

"우리 ○○이 착하지, 별로 안 아플 거야. 울지 않고 씩씩하게 치료 잘 받으면 집에 갈 때 장난감 사 줄게."

이것은 공포에 질린 아이의 감정을 이해하기 보단 무시한 채 축소시키고 억누르는 감정 대응 방식이다. 때로는 '별 것 아니야'하고 무시하는 것을 넘어 '○○이는 겁쟁이래요'하면서 놀리고 조롱하기까지 한다.

이런 축소 전환형 부모의 주요 특징은 상대의 감정을 대수롭지 않게 여기기, 비웃기, 나쁜 감정은 살아가는 데 도움이 되지 않는다고 생각하기, 부정적 감정을 가진 사람의 관심을 다른 데로 돌리기, 나쁜 감정은 시간이 해결해 준다는 믿음 가지기가 있다.

··· 감정 억압하기 ···

축소 전환형 부모의 특징이 감정 무시하기, 달래기가 특징이라면 억압형은 엄하게 질책하는 특징을 가진다. "그럼 못 써"하고 야단을 치거나 "너 계속 울면 경찰 아저씨 불러서 잡아가라고 한다"처럼 협박을 한다.

억압형의 주요 특징은 나쁜 감정은 무조건 잘못된 것이라고 비난하기, 감정에 주목하기 보다 행동에 초점을 맞추어 야단치기, 나쁜 감정은 나쁜 성격에서 온다고 생각하기, 나쁜 감정은 표출을 억제해야 된다고 생각하기 등이 있다.

··· 감정 방임하기 ···

방임형은 겉으로 보기엔 상대의 감정을 이해하고 인정하는 것처럼 보인다. 가령 친구와 싸우고 온 아이에게 이렇게 말한다.

"그래, 화가 날 만했구나. 화가 나면 싸울 수도 있지. 잘했어, 괜찮아."

얼핏 보기에 이런 부모 아래서 자란 아이는 감정을 이해받았으니 잘 성장할 것 같지만 그렇지 않다. 행동의 한계를 배우지 못했기 때문이다.

방임형 부모의 주요 특징은 모든 감정 다 받아 주기, 감정은 물론 행동에 제한 두지 않기, 감정은 억누르기보다 표출해야 된다는 믿음 갖기, 아이의 감정 처리 방식에 관심 갖지 않기이다.

그렇다면 아이의 감정에 잘 대응하는 부모는 어떤 특징을 가지고 있을까?

첫째, 감정은 받아 주되, 행동에는 제한을 둔다. 둘째, 아이가 감정을 표현할 때 인내심을 갖고 기다려 준다. 셋째, 아이의 감정을 존중한 상태에서 해결책을 찾는다.

이런 해법을 가진 부모는 다음과 같이 대응한다. 치과에 간 ○○이 사례를 보자.

❶ 치과 치료 받는 게 무섭지? (감정의 인정)

❷ 그래도 ○○이가 충치 치료를 받지 않으면 다른 이도 상하게 된단다. 그러니까 치료는 받아야 해. (행동 한계 규정)

❸ 어떻게 하면 덜 무섭고 덜 아플 수 있을까? (스스로 해법 찾고 선택하기)

이것이 바로 감정 코칭이다.

자 그렇다면 다시 성인 사이의 소통으로 돌아와서 가정과 직장

당신도 불통이다

에서 어떻게 감정 코칭을 적용할 수 있을지 생각해 보자.

사례 1

다른 팀의 실수로 갑작스레 처리해야 할 업무가 생겨 직원에게 추가적인 일을 지시해야 하는 상황이다. 이에 직원은 책임을 해당 팀으로 돌리며 몹시 짜증을 내고 있다.

❶ **감정 인정** : 최대리 짜증나지? 나라도 그럴 거야. 지금 맡은 일만으로도 힘든데 자네 책임도 아닌 일을 떠맡게 되었으니 그럴 만도 해.

❷ **행동 한계 규정** : 그래도 회사는 협업이 중요하니까 다른 팀의 실수라고 해도 너무 티나게 화내면 조직 전체에도 악영향을 미치지 않겠어? 그리고 우리 잘못은 아니지만 그 일은 우리 부서가 수행할 일이 맞으니 안 할 수는 없는 것 아니겠어?

❸ **스스로 해법 찾고 선택하기** : 자네는 이 일을 어떤 방법으로 했으면 좋겠어? 내가 도와 줄 것은 무엇이지?

사례 2

회사에서 돌아온 아내가 몹시 화가 나 있다. 이유를 물어 보니 이 일 저 일 막 시키는 직장 상사 때문이다. 이럴 때 남편들은 특히 조심해야 한다. 아내들은 자신의 감정에 동조해 주기를 바라지 절대 문제를 해결해 주기를 바라는 것이 아니다. 대부분의 남편들은 자신의 경험을 들어 문제의 해법을 알려 주려고 하는 경우가 많다. 이건 금물이다. 특히 '당신도 조금은 잘못이 있네'라는 말은 절대 해서는 안 된다. 그럴 때는 이렇게 해 보자.

❶ **감정 인정** : 어휴, 화나겠다. 내가 생각해도 짜증 안 나는 게 이상할 정도겠어.

❷ **행동 한계 규정** : 그런데 나는 혹시 당신이 상사 앞에서 기분 나쁜 모습 보이다가 미운털 박힐까봐 걱정이네.

❸ **스스로 해법 찾고 선택하기** : 하루 이틀 일할 사이도 아니고 그런 상사를 대하는 좋은 방법이 없을까?

감정 코칭이란 말 그대로 '상대의 감정을 코칭한다'는 의미다. 항상 누군가를 가르치려 하고 훈계하고 섣불리 문제의 해법을 제시하려는 것이 습관이 된 대부분의 사람들에게는 결코 쉬운 일은 아니다.

하지만 인간관계를 망치는 대부분의 상황은 감정적으로 불안정한 상황에서 발생한다. 이때 잘못된 소통 방식은 불안정한 감정

당신도 불통이다

에다 기름을 붓는 작용을 할 수 있다.

일단 상대의 감정이 평온하지 않아 보이면 인정해 주자. 그리고 스스로 해법을 찾도록 질문을 던져 주자. 어쩌면 상대가 화가 나 있는 상황이 소통의 실전을 경험을 할 수 있는 좋은 기회일지도 모른다.

summary

● 용어의 정의 ●

❶ **감정 코칭** : 감정적으로 불안정한 사람을 대할 때 그 감정을 있는 그대로 인정해주고 문제의 해법을 스스로 찾도록 유도하는 대화법

❷ **행동 한계** : 비록 나쁜 감정 상태더라도 지켜야 할 행동 규정

● 생각해 볼 내용 ●

❶ 자녀가 화가 나 있거나 짜증낼 때 '이 때가 감정 코칭 할 좋은 기회다'라고 생각하자.

❷ 조직에서 업무로 인해 화가 나 있더라도 팀워크를 위해 지켜야 할 행동 한계는 무엇일까?

PART 6

의사소통의 비법

지금 내 생각은 내 것이 맞을까?: 생각의 좌표

"우리가 읽는 책이 우리 머리를 주먹으로 한 대 쳐서 우리를 잠에서 깨우지 않는다면, 도대체 왜 우리가 그 책을 읽는 거지? 책이란 무릇, 우리 안에 있는 꽁꽁 얼어버린 바다를 깨뜨려 버리는 도끼가 아니면 안 되는 거야."

카프카의 말이다. 박웅현의 『책은 도끼다2011』라는 제목도 여기서 아이디어를 얻었다고 한다. 사람은 책을 만들고 책은 사람은 만든다지만 살면서 나를 만들고 내 머리를 도끼로 내려치듯 영감을 주는 책을 만나기란 쉬운 일이 아니다. 하지만 나에게는 운 좋게도 그런 책이 몇 권 있다. 그 중에 하나가 홍세화의 『생각의 좌표2009』다.

보통 코칭이나 정신과 의사에게 상담을 받으러 가면 상담 받는 사람이 전혀 몰랐던 해법을 주는 것이 아니다. 정답은 이미 상담 받는 사람이 다 알고 있으므로 그것을 끄집어내 주기만 한다고 한다. 올바른 질문을 통해 스스로 해법을 말하게 하는 원리다. 사람들은 자신의 답을 확인받고 싶은 욕구가 있고 그것이 이루어졌을 때 확신과 함께 마음의 평화를 얻는다고 한다.

내 안에 있는 답을 찾게 해 준다는 의미에서는 바람직한 일이다. 그런데 가끔 책을 읽는 과정에서는 이런 현상이 부정적인 방향으로 일어나기도 한다. 사람들은 책을 읽으면서 머리를 도끼로 치는 새로운 사실을 얻기보다 책에서 자기 생각을 확인받는 경우가 많다. 그러고서는 결국 자기가 살던 방식 그대로 살아간다. 이래서야 되겠는가? 책은 내 신념의 확인처가 아닌 새로운 시각의 제공처야 한다. 나에게는 『생각의 좌표』가 그런 책이다. 이 책은 나에게 완전히 새로운 사실을 알려 주었다. 충격을 넘어 그보다 더한 표현이 있다면 쓰고 싶을 정도였다. 나에게 충격을 준 문장을 발췌, 재구성하여 옮겨 보면 다음과 같다.

'사람이 생각하는 동물임에는 틀림없다. 그러나 칸트는 인간이 생각하는 바에 자유롭지 못한 존재라고 했다. 왜 그랬을까? 지금 내 머릿속에는 나만의 의식, 가치 기준이 들어있다. 그런데 사람이 태어났을 때는 머릿속이 텅 비어 있었을 테고 도화지로 보자면 하얀색이었을 텐데 지금 내 머릿속에 가득 찬 가치 기준은 누가 채워 넣었을까 생각해 본다면 분명히 나는 아니라는 것이다. 아마도 부모님, 선생님, 텔레비전, 신문, 책이었을 것이다. 따라서 내 안에 생각을 집어넣는 실제 주체인 사회를 비판적으로 바라보는 안목을 갖추어 나가면서 기존에 형성된 생각을 끊임없이 수정하여 나의 주체성을 확장하지 않으면 진정한 자유인도 내 삶의 주인도 되기 어렵다.'

이 내용을 읽는 순간 머리는 도끼로 맞은 듯 멍해졌다. 작가는 그것도 모자라 다음과 같이 결정타를 날린다.

'우리가 끊임없이 자기 부정을 가하고 내 생각을 수정해 나가지 않는 것은 자동차를 운전하면서 핸들을 고정시켜 놓은 채 직진만 하는 것과 같다. 우리의 삶이란 후진이 없다. 앞으로만 간다. 그렇다면 우리가 할 수 있는 일이란 좌회전, 우회전뿐이라는 얘기인데 내가 생각을 고치지 않고 남의 생각으로 고정하고 있는 것은 핸들을 잡은 채 직진만 하는 것과 뭐가 다른가?'

독자 여러분은 어떤가? 나는 어떤 책이든 누구의 말이든 이런 이야기를 들어본 적이 없다. 내 지식이 얕아서 그렇기도 하겠지만 책을 통해 그저 남이 만들어 놓은 지식을 많이 습득하는 데만 몰두했지 그 지식들이 과연 옳은 것인지 비판할 줄은 몰랐던 것이다. 톨스토이_{Leo Tolstoy}가 대문호라면 그를 읽었고 공자의 말을 공자님 말씀이라고 하기에 그저 읽고 옳겠거니 하고 따르려고만 했을 뿐이다. 내 스스로 핸들을 돌려 볼 생각을 해 보지는 못했던 것이다.

우리는 저마다의 생각을 가지고 그 기준으로 핸들을 고정시킨채 자기만의 방향으로 간다. 이런 우리가 모두 소통의 대상이다. 그러니 소통이 쉽겠는가? 홍세화는 인간은 합리적인 동물이 아니라 합리화하는 동물이라고 덧붙인다. 합리적이고 이치에 부합하는 인간이라면 나와 다른 생각이 나타날 때 견주어 보고 그에 맞게 내 생각도 버릴 줄 알아야 하지만 내 생각을 합리화하여 현상을 거부하려 드는 것이 인간이라는 것이다. 이것이 고정관념이고 확증편향이다.

이런 우리들이 서로 대화라는 것을 한다. 소통은 외부에서 들어온 현상을 끊임없이 수정하여 내 생각화한, 주체적 의식을 가진 사람들이 잘할 수 있다. 그러기 위해서 작가는 미디어와 제도 교육을 통해 얻은 지식과 가치를 늘 의심하고 수정하라고 말한다. 그리고 다음 4가지 해법을 제시한다.

첫째, 폭넓은 독서다. 이것은 그저 책을 많이 읽으라는 뜻이 아니다. 지금까지 살아온 사람들이 남긴 생각을 읽고 나만의 언어로 재가공하라는 의미다.

둘째, 열린 자세의 토론이다. 나와 동시대를 살아가는 사람의 생각을 열린 자세로 참조하고 주체적로 나누어라.

셋째, 직접 견문이다. 오감을 가진 주체로서 다양한 경험과 여행을 통해 인간과 사회를 직접 보고 느끼는 기회를 가져라.

넷째, 성찰이다. 앞의 세 가지를 통해 만나는 생각들이 소우주와 같은 나의 의식 세계 안에서 서로 다투고 뒤섞이고 정리되는 과정을 거쳐라.

사람과 사람이 소통한다는 것은 작은 우주끼리 만나는 것과 같다. 그런데 그 우주가 자기의 성찰에 의해 형성된 것이 아닌 남이 만들어 준 것을 마치 내 것인양 고집하는 사람들 사이에는 소통이 되지 않고 서로 부딪히며 직진만 하려는 것과 같다. 늘 묻자. 지금 내 생각은 내 것이 맞는가? 이것은 어디에서 온 것인가?

summary

● 용어의 정의 ●

❶ **카프카** : 책은 도끼와 같은 역할을 해야 된다고 말한 독일의 소설가

❷ **홍세화** : 『나는 빠리의 택시운전사1995』의 저자로 한국에 '똘레랑스'의 개념을 처음 전했다.

● 생각해 볼 내용 ●

❶ 내가 응원하는 야구팀, 축구팀은 내가 정했는가?

❷ 내가 가진 정치적 성향은 내가 정한 것이 맞는가?

속마음을 숨긴 채 대화가 될까?: 결정적 순간의 대화

'레몬 시장 이론'이란 공급자와 수요자 사이에 있는 정보의 비대칭성에 대하여 2001년 노벨경제학상을 받은 조지 애커로프 George Akerlof 가 발표한 이론이다. 정보의 비대칭성은 물건을 팔려고 하는 사람과 사려고 하는 사람 사이에 가진 정보의 양이 차이나는 것을 말한다. 이러한 정보의 비대칭성은 시장의 혼란을 초래하여 거래가 정상적인 형태로 이루어지지 못하게 한다. 마치 레몬이 껍데기는 멀쩡하지만 그 속은 쓰고 시기만 하다는 사실에 대해서는 판매자만 아는 것과 같다하여 '레몬 시장 이론'이라 불리기도 한다. 그럼 구체적으로 어떤 일이 일어나는지 보자.

대표적인 사례가 중고차 시장이다. 중고차의 가격은 연식, 주행

당신도 불통이다

거리, 사고 이력 등으로 정해지지만 그 차가 정말 문제가 있는 차인지 멀쩡한 차인지는 파는 주인만 알고 있다. 하지만 그 속 내용은 잘 드러나지 않으므로 멀쩡한 차를 가진 판매자라 하더라도 평균 가격보다 훨씬 더 많이 받을 수는 없다. 하지만 평소 운전 습관도 좋지 않고 가벼운 사고도 많이 내서 차의 알려지지 않은 결함을 알고 있는 고물차 운전자는 평균 가격만 받아도 속으로 기뻐할 것이다. 이로 인해 멀쩡한 차 주인은 이 가격에는 못 판다며 시장에서 철수해 버리고 중고차 장터에는 고물차 주인만 득실거리게 된다. 애꿎은 구매자만 질 낮은 차를 사게 되는 것이다. 만약 이러한 상황이 일어나지 않고 거래가 올바르게 이루어지도록 하기 위해서는 쌍방 간에 가진 정보를 모두 꺼내 놓아야만 한다.

소통도 마찬가지다. 여기 한 부부가 있다. 남편은 아내가 지난번 동창회 갔다가 밤늦게 들어온 것에 대하여 화가 나 있다. 하지만 내색했다가는 속 좁은 남편으로 보일까봐 말을 안 하고 있다. 한편 아내는 남편이 요즘 부쩍 자주 아이들에게 화를 내는 것에 대해 마음이 안 좋다. 학교 갔다 와서 숙제를 제때 안 한다든가, 스마트폰을 많이 본다든가 하는 것에 대하여 예전에는 좋은 말로 타이르던 사람이 요즘은 버럭 화를 내는 것을 보고 한 마디 할까 생각하다가 관뒀다. 괜히 말했다가 화살이 자신에게 올 것 같기도 하고 더 큰 부부 싸움으로 발전할까 두려웠기 때문이다.

이렇게 서로에게 공개하지 않은 불만을 가진 채 살아가다 보니 사소한 것에도 싸우는 일이 잦아졌다. 과거 같으면 별것 아니었을 일로도 싸우고 '요즘 왜 그래?'하고 서로 소득 없는 질문만 할 뿐 근본적으로 해결은 되지 않는다. 매여 있는 것을 풀어 놓고 가지 않으니 제대로 된 대화가 될 리 없다.

케리 패터슨Kerry Patterson 외 3명의 저자가 함께 쓴『결정적 순간의 대화2005』는 바로 이러한 점에 주목하여 소통의 비법을 풀어낸 책이다. 책의 내용을 발췌 요약하여 소통의 방법을 찾아보면 다음과 같다. 사람이 대화를 망치는 이유는 대화의 원래 목적을 망각하고 즉흥적으로 임하는 경우가 많기 때문이다. 부부가 서로 대화하는 궁극적 목적은 가정의 행복을 위해서다. 늦게 들어오는 남편에 대해 화를 내는 것도 그 본질을 생각해 보면 단순히 남편을 비난하기 위함이 아니라 가정의 행복을 위해서인 것이다. 늦게 온다는 것은 회식이 길어져서 술을 많이 마셨거나 일이 많아서 과로를 했다는 것이 되므로 사실은 늦게 들어온 것을 비난하기보다 남편에 대한 걱정과 나아가서 가정에 대한 걱정이 그 본질인 것이다. 하지만 부부간의 대화에서는 깊은 본질은 쉽게 잊고 눈앞에 일어나는 상황에 대해 화를 내버린다. 그로 인해 대화를 망치고 관계도 안 좋게 만들어 버리고 만다. 『결정적 순간의 대화』에서는 이러한 상황을 막고 대화를 잘 이끌기 위해서는 '의미 공유

당신도 불통이다

대화'를 해야 한다고 말한다.

의미 공유 대화란 대화에 필요한 모든 정보를 꺼내 놓고 대화에 임하는 것을 뜻한다. 이렇게 서로가 대화의 주제에 대한 정보와 속마음을 모두 꺼내놓고 대화에 임하면 메시지 왜곡과 오해를 막을 수 있다. 또한 이것은 상대를 존중하면서도 정직하게 내 의견을 말할 수 있게 한다. 의미 공유 대화가 중요한 이유는 사람은 저마다 자기가 보는 방식대로 관념을 형성하고 그에 입각하여 메시지를 형성하여 마음에 품은 채 대화에 임하기 때문이다.

사람 저마다의 생각은 당사자의 역사적인 결론이다. 서로 다를 수밖에 없다. 그러므로 속마음을 꺼내놓지 않으면 제한된 정보를 사용하여 상대의 원래 의도를 예측하면서 대화를 할 수 밖에 없다. 그러나 의미 공유 대화를 하게 되면 올바른 정보에 근거해 대화를 진행할 수 있고, 한 번 시작되면 저마다 부담 없이 자신의 의견을 꺼내 놓는다. 다름을 인정하고 아이디어를 내놓는 것이 마음을 열게 하고 신뢰를 갖게 한다. 또한 내놓은 아이디어가 많으므로 정확한 정보를 접할 가능성이 높다. 정확한 정보를 접하게 되면 대화 과정에서 나온 결론이 최적의 대안이라 인식된다. 대화에서 나타나는 다툼의 원인은 서로 핵심을 외면한 채 눈에 보이는 현상만 가지고 이야기하기 때문이다. 단, 꺼내 놓을 때 너무 격렬하게 드러내지 않도록 주의해야 한다.

케리 패터슨 등의 저자들은 이러한 의미 공유 대화를 이끌어 가는 방법으로 여섯 가지를 제시하는데 가장 대표적인 세 가지는 '공동의 목적을 생각하라', '나의 입장을 말하라', '상대의 입장을 물어 보라'이다.

공동의 목적을 생각한다는 것은 우리가 왜 이 대화를 하는가를 대화의 매순간 잊지 않는 것이다. 그래서 이 대화 끝에 이루어야 할 목표는 무엇인가를 생각하는 것이 중요하다. 이 대화의 목적을 잊으면 상대에게 공격당했을 경우, 상대를 이기려 하거나, 비난하고 처벌하려고 하거나 침묵으로 상황을 애써 모면하려 들게된다. 목표를 생각하면 감정에 휘둘리지 않고 자기 컨트롤을 한다. 대화가 나빠지는 원인을 상대에게서 찾지 않고 나에게서 찾는다. 목표에 어긋나는 어리석은 선택을 하지 않게 된다. 나의 입장을 말하라는 내 속마음은 숨긴 채 상대에게만 사실을 요구해서는 안 됨을 강조한다. 대화를 시작할 때 내가 먼저 현상을 있는 그대로 말하고 자신의 짐작, 감정, 판단을 보태어 말하지 말아야한다. 그런 다음 상대의 입장을 물어보는 것이다. 입장을 묻는 방법으로 다시 네 가지를 제시한다.

❶ **대화를 계속하기 위해 질문하라**Ask **:** 당신의 생각을 말해 줄 수 있나요?

당신도 불통이다

❷ **감정을 확인하기 위해 비춰주라**Mirror : 표정이 어두운데 정
말 괜찮아요?

❸ **스토리를 파악하기 위해 바꿔 말하라**Paraphrase : "이렇단 말
이지?"라고 상대가 한 얘기를 되물어 본다.

❹ **그래도 효과가 없으면 이끌어내라**Prime : 당신이 진정으로
원하는 것은 무엇인가요?

소통은 게임이 아니다. 상대를 이기기 위해서, 비난하기 위해서,
나를 정당화하기 위해서 하는 싸움이 아니다. 둘 사이에 존재하
는 공동의 목적을 이루기 위해서 하는 의사 전달을 통한 문제 해
결 과정이다. 그러기 위해 필요한 것이 서로의 생각을 모두 꺼내
놓는 것이다. 책에서는 많은 사례와 함께 이 방법들을 제시하므
로 자세히 알고자 하는 사람은 읽어 보기를 추천한다.

summary

● 용어의 정의 ●

❶ **의미 공유 대화** : 대화를 할 때 두 사람 공동의 목적을 생각하고 속마음을 꺼내 놓고 대화하는 것

❷ **정보의 비대칭성** : 거래 또는 대화에서 상호간에 가진 정보의 양과 질이 다른 것. 이로 인해 공정한 관계를 할 수 없게 된다.

● 생각해 볼 내용 ●

❶ 대화를 할 때 내 속마음을 숨긴 채 임하지는 않는가?

❷ 대화 상대에 대한 정보가 부족함에도 확인하려 들지 않고 나의 짐작으로 대화를 이끌어 가지는 않는가?

 2019 likes

\# 레몬 시장 이론

레몬은 겉으로 보기엔 예쁘고 노랗다.
레몬의 맛이 시다는 것을 판매자는 알고 있다.
그러나 레몬의 특성을 모르는 구매자라면
직접 구매해서 먹어볼 때까지는
레몬의 맛을 알 수 없다.
이것이 '레몬 시장 이론'이다.
허심탄회한 소통을 하려면
판매자와 구매자의 정보 비대칭 정도를 해결해야 한다.

나의 첫 말에 주의하라: 행복 수업

불통의 결과가 가져오는 최악의 상황은 무엇일까? 여러 예상을 해 볼 수 있겠지만 그 중 하나는 절교다. 부부 사이에 절교라면 이혼이다. 이혼하는 부부 사이에는 어떤 공통점이 있을까를 연구한 사람들이 있다. 『행복 수업2010』의 저자 최성애와 그의 스승 존 가트맨John Gottman이다. 그들은 수많은 이혼 사례를 연구하며 어떤 공통적인 문제가 있기에 이혼했을까를 고민했지만 답은 쉽게 나오지 않았다. 돈이 많은 부부가 이혼하기도 하고 부부싸움이 일상인 부부가 이혼하지 않기도 하고 돈이 없어도 잘 살기도 하고 둘 다 조용한 성격이어도 이혼하는 등 이혼의 원인에는 일관성이 보이지 않았다.

그러다 그들이 찾아낸 유일한 공통점이 있었으니 그것은 '첫 말'이었다. 부부는 하루에도 몇 번 헤어졌다가 만난다. 배우자가 출근하면 헤어지고 퇴근하면 만난다. 맞벌이라면 남편과 아내가 각자 출근하면서 헤어지고 퇴근해서 만난다. 헤어졌다가 만나면 이제 대화가 시작된다. 이때 누구라도 먼저 첫 번째 말을 던지게 된다. 이 첫 말이 어떤 뉘앙스인가에 따라서 부부 관계는 결정된다.

남편이 술 마시고 밤 12시에 들어왔다. 앞으로 술을 줄이겠다고 약속한지 며칠 지나지도 않았는데 말이다. 이 때 아내가 그의 첫 말을 던진다.

"어휴~ 인간아, 또 술이야?"

이런 부부는 이혼할 가능성이 있다. 아내가 그의 첫 말을 실패했기 때문이다. 하지만 이 부부에게도 아직 기회는 있다. 남편은 그의 첫 말을 던지지 않았기 때문이다. 이 때 남편이라도 "여보 미안해, 내가 술 줄이겠다고 약속했는데, 오늘 부장님이 명예퇴직을 당하셔서 같이 한 잔 했어. 다음부터 약속 지킬게"라고 첫 말을 시작했더라면 이 부부는 이혼을 하지 않을 가능성이 높다.

그런데 만약 남편마저도 "회사 생활하다 보면 술 안 마시는 게 어디 쉬운 줄 알아? 당신도 지난번 동창회 갔다가 술 마시고 밤 12시에 들어왔잖아. 이해라는 걸 좀 해봐. 적당히 좀 하라고!" 이렇게 말했다면 이 부부에게 희망은 점점 사라져 간다.

가장 좋은 것은 누구든지 헤어졌다 만나서 대화의 첫 포문을 여는 사람이 첫 번째 말을 잘 하는 것이다. 앞의 상황에서 아내는 화가 좀 나겠지만 잠시 마음을 추스르고 "여보, 오늘 무슨 일 있었어? 왜 이렇게 또 늦었어?" 이 정도로만 첫 말을 던져도 상황은 완전히 달라진다. 남편도 얼마 전에 자신이 한 약속이 있기 때문에 집에 들어오면서도 죄 지은 기분으로 왔을 것이 틀림없다. 분명히 잔소리 들을 것을 예상하고 있던 상황에서 상대가 부드럽게 나온다면 남편도 자신의 첫 말을 한결 온화하게 던졌을 것이기 때문이다.

시간과 공간을 더 좁혀 보면 출퇴근으로 헤어졌다 만나지 않더라도 집안에서도 늘 첫 말을 던지는 상황이 있다. 대화는 항상 누군가가 첫 말을 던져야 시작된다. 누가 대화를 시작하더라도 그 말을 부드럽게 해보는 건 어떨까? 아니면 내가 첫 말을 듣는 입장이라면 나의 첫 대답을 어떻게 할 것인가? 3초만 고민하고 말해 보자. 관계가 한결 좋아질 것이다.

당신도 불통이다

summary

● 용어의 정의 ●

『**행복 수업**』 : 최성애가 쓴 책으로 부부 관계를 결정짓는 것은 그들이 던지는 '첫 말'에 있음을 강조하고 있다.

● 생각해 볼 내용 ●

❶ 가정과 회사에서 누군가와 마주쳤을 때 나의 첫 말을 긍정의 말로 시작해 보자.

❷ 상대가 던진 첫 말이 부정의 말이었을 때 3초만 생각하고 반응하자. 그리고 나의 첫 말을 시작하자.

사건을 공유해야
할 말이 생긴다: 이야기꽃

『경계에 흐르다2017』에서 저자 최진석은 우리에게 경계에 서 있을 것을 끊임없이 이야기한다. 여기서 '경계'란 읽기와 쓰기의 중간, 배움과 활동의 중간을 말한다. 읽는다는 것은 외부로부터 지식과 정보를 받아들인다는 의미이다. 책을 읽는 것을 포함해 뉴스를 보고 다른 사람의 이야기를 듣는 것까지 아우르는 말이다. 반면에 쓴다는 의미는 글을 쓰는 것뿐만 아니라 내 생각을 표현하는 모든 행위를 뜻한다.

그렇다면 읽기와 쓰기의 경계에 있으라는 것은 무엇을 말하는가? 경계는 한쪽에 치우침이 없는 곳이다. 따라서 경계에 서 있음은 언제든지 반대편으로 넘어갈 준비가 되어있는 상태를 말한다.

읽기와 쓰기의 경계에 서 있다는 것은 읽으면서, 즉 다른 사람의 생각을 접하면서 언제든지 내 이야기를 쓸 수 있게 하라는 말이다. 우리가 읽는 이유는 타인의 생각에서, 세상의 흐름에서 나를 발견하기 위함이다. 나를 발견한 사람은 다시 경계를 넘어가 나를 표현할 수 있어야 한다. 그것이 주체적으로 사는 사람이다. 저자는 이 이야기를 다음과 같이 전한다.

'읽다가 자신을 대면하면 이제 자신의 길을 도모하게 되리라. 읽기로 찾아진 자기 자신의 생명력이 확장의 욕구를 표현하는 형국이다. 수용의 형식에서 발산의 형식으로 전환되는 이 과정은 읽기가 매우 성숙해질 때쯤 형성되는데, 그 발산의 형식을 우리는 초점을 좁혀 쓰는 것이라고 말할 수 있겠다.

읽기는 수용이고 쓰기는 발산이자 표현이다. 이 극적인 일은 자기 자신에게서 이루어진다. 이렇게 본다면 읽기의 과정에는 반드시 쓰기의 활동이 예정되어 있어야 한다.

들어오는 일은 나가기 위해서고, 나가는 일은 들어오기 위해서다. 들어오기만 하고 나가지 못하거나 나갔다가 들어오지 못하면 생명으로 승화될 수 없다.'

이제 다시 소통으로 돌아오자. 소통을 이야기하다가 갑자기 경계에 있으라니 이것은 또 무슨 말인가? 우리가 책을 통해 소통의 원리를 배우는 목적은 무엇일까? 단지 지적 충족을 위해서? 궁금

중을 해소하기 위해서? 아니다. 배우고 익히는 것은 그것을 사용하기 위함이다. 노자가 말했듯이 학學보다는 활活이 중요하다는 의미다.

소통의 원리를 읽는 이유는 내 주변의 사람들과 소통하기 위함이다. 더 나아가서 소통에 머물러만 있어도 안 된다. 소통의 원리를 읽고 경계를 넘어 소통을 잘할 수 있게 되면 끝일까? 타인에게 내 의견을 온전하게 전달하고 타인이 전하는 메시지를 있는 그대로 잘 받아들이면 된 걸까?

우리는 여기서 다시 한 번 경계를 넘어야 한다. 소통하는 수준을 넘어 나와 관계한 사람을 만났을 때 언제든지 이야기꽃을 피워낼 수 있는 사이가 돼야 하는 것이다.

소설가 손홍규는 칼럼 '이야기꽃'에서 소통에 대한 의미 있는 메시지를 전한다. 내용을 발췌해서 요약하면 다음과 같다.

"어린 시절, 열 살 무렵의 어느 겨울 새벽에 잠에서 깨어났다가 어머니가 없는 걸 알고 공포에 휩싸였던 기억이 있다. 나는 어머니가 돌아올 때까지 공포에 사로잡힌 채 이런저런 생각들, 어머니가 보따리를 싸 도망쳤을지도 모른다거나, 전래 동화처럼 시체를 파내러 갔다거나, 혹은 부엌에 칼을 갈러 갔다거나, 지금까지 어머니라 알고 있던 당신이 정말 내 어머니가 맞을까 등등 끔찍한 상상들을 하며 그 시간을 보냈다. 물론 어머니는 연탄을 갈러 갔거

당신도 불통이다

나 볼 일을 보러 간 것에 불과할 테지만 그때 나는 한동안 공포에서 벗어나지 못했다. 그리고 그 일은 잊혔고 다시금 회자되지 않았다.

요즘 들어 깨닫는 건 이야기가 이야기에 머물지 않고 이야기꽃이 될 수 있으려면 그 이야기가 어느 한 사람의 것이 아니라 다른 사람과 공유할 수 있는 것이어야 하는 게 아닐까라는 점이다. 만약 어머니가 잠시 부재했던 겨울 새벽의 짧은 순간을 나 혼자 이야기로 만들어 간직하는 대신 어머니와 나누었더라면, 수십 년이 지난 어느 날 어머니는 내게 그날을 상기시키면서, '저놈이 어렸을 때 얼마나 겁이 많았는지 몰라, 연탄불 갈려고 새벽에 잠깐 나갔다 왔는데 내 차디찬 발목을 붙잡고 닭똥 같은 눈물을 흘리지 않았겠어'하며 웃었을지도 모른다. 어쩌면 당신은 그때 정말 보따리를 싸서 도망가려고 작심했는데 어린 아들의 눈물바람을 보고 마음을 돌려세웠노라 고백했을지도 모른다.

이야기가 꽃을 피우려면 진행되는 내내 맞장구를 치고 잘못된 점을 지적해 주고 빠뜨린 부분을 알려줄 사람이 있어야 하며, 그럴 수 있으려면 이야기를 하는 사람과 듣는 사람이 모두 사연의 당사자여야 하고, 사람과 사람 사이에 사연이 생기려면 늘 보던 얼굴도 날마다 새롭게 볼 수 있어야 하며 매순간 최선과 진심을 다하며 함께 살아가야 한다."

나는 가족들과 모이면 이야기꽃을 피우는가? 학창시절 친구를 만나면 이야기꽃을 피우는가? 만약 그렇지 않다면 그들과 함께 했던 시간에 서로의 깊은 이야기나 사건과 감정을 공유하지 않았다는 뜻이다. 한마디로 할 얘기가 없다는 의미다. 만나서 그저 필요한 이야기만 전하는 최소한의 소통만을 하는 것이다. 나는 직장인을 대상으로 하는 의사소통 강의에서도 말미에 늘 이렇게 이야기한다.

"오늘 여러분들이 제 강의를 잘 들었다는 것은 세월이 지난 뒤에 밝혀질 것입니다. 여기 계신 분들이 언젠가 다시 만났을 때 이야기꽃을 피울 수 있다면 평소에 소통을 잘했다는 뜻이 될 테니 말입니다."

실제로 직장에서 같은 부서 사람들뿐만 아니라 타부서 사람들과도 평소에 소통을 잘해서 회의 시간이나 구내식당에서 이야기꽃을 피울 수 있다면 그 회사는 새로운 아이디어가 샘솟고 협업이 잘되는 회사가 될 것이다.

일본 주켄공업의 100만분의 1그램이라는 세계 최소형 기어도 이런 분위기에서 탄생했다. "점심시간이 되면 사원들은 한무리가 되어 우동집, 라면 가게로 간다. 남녀 구분도 없고 임시직, 거래처 직원, 중국인, 한국인도 포함되어 있다. 밥을 먹으면서 자연스레 회사 일, 취미, 기술 등에 대해 이야기하다가 기어에 대한 이야기가 나오자 메모지는 어느새 설계도로 바뀐다. 점심을 먹으면서 나누던 이야기가 그대로 개발 계획과 개발 행동으로 발전한다. 타사처럼 개발 담당자와 경영진이 칠판을 세워놓고 열을 올리는 모습을 어디서도 찾아볼 수 없다. 계획서도 없고 틈틈이 진행하며 수시로 방향이 바뀐다. 오늘날 세계에서 가장 작은 100만분의 1그램 기어도 이렇게 해서 태어났다." -『선착순 채용으로 세계 최고 기업을 만들다2010』 중에서-

이 모습이야 말로 모든 사장님들이 꿈꾸는 회사의 모습이 아닐까? 조직 구성원들이 모두가 친하고 서로의 업무에 대해서도 잘 인지하고 있으므로 점심시간에 만나서 자연스레 개발 회의가 이루어지는 것이다. 바로 이야기꽃이다. 부서간의 벽이라는 것은 없다. 소통을 넘어 이야기를 공유하는 사이가 된 것이다.

스티브 잡스Steve Jobs가 픽사Pixar를 운영할 당시 화장실을 본사 중앙에 두고, 카페, 게임 공간을 만들어 둔 것도 조직 구성원들 사이의 우연한 만남을 유도해 사건을 공유하고 이야기꽃을 피우게 하기 위함이었다. 실제로 픽사의 직원들도 본사 건물의 구조가 협업을 유도하는 중요한 역할을 했다고 말했다. 에버노트Evernote는 한 술 더 떠 아예 매주 업무 시간을 덜어 내어 정기적인 휴식시간을 마련함으로써 소통의 경계를 넘게 만들었다.

이제 우리도 메시지를 전달하고 받아들이는 소통의 경계를 넘어 나의 가족과 그리고 동료와 평소에 이야기를 공유하자. 그리고 언제든지 만나서 이야기꽃을 피우자.

summary

● 용어의 정의 ●

❶ **읽기와 쓰기의 경계** : 읽으면서 쓸 준비를 하는 상태이다.

❷ **주켄공업** : 인간 중심 경영으로 유명한 일본의 기어 제조 회사

● 생각해 볼 내용 ●

❶ 식사 시간에 가족들과 오늘 있었던 일들을 공유하자.

❷ 같은 부서 사람뿐만 아니라 다른 부서 사람들과도 친해질 수 있는 방법은 무엇일까? 우연한 기회에 서로 마주치거나 필연적으로 만나야만 하는 장치는 무엇일까?

당신도 불통이다

타인에겐 너그럽게 나에게는 엄하게: 춘풍추상

대인춘풍 지기추상待人春風 持己秋霜

타인을 대할 때는 봄 바람처럼 너그럽게 대하고 나를 지킬 땐 가을 서리처럼 엄하게 하라.

완벽한 사람은 없다. 그리고 완전히 똑같은 사람도 없다. 완벽한 사람이 없다는 것은 사물을 바라볼 때, 상대의 말을 받아들일 때 늘 객관적이고 종합적인 정보에 근거해서 해석하고 대화에 임하는 사람은 없다는 뜻이다.

완전히 똑같은 사람이 없다는 것은 세상에 나하고 생각이 같은 사람, 현상에 대한 가치 판단 기준이 같은 사람은 없다는 뜻이다. 이런 우리들이 서로 대화라는 것을 하며 산다. 필연적으로 오해와 갈등이 일어날 수밖에 없는 이유다.

이런 상황에서 내놓을 수 있는 의사소통의 비법이 바로 춘풍추상의 자세이다. 인간은 어쩔 수 없이 앞장에서 언급했던 수많은 지각 오류들을 범할 수밖에 없다. 결국 사는 동안 우리들 모두가 이러한 오류들을 줄여 나가기 위해 노력해야겠지만 우리는 평소에 내가 범하는 오류들은 좀 더 엄격하게, 남이 범하는 오류들은 좀 더 너그럽게 대할 필요가 있다.

나에게 좀 더 엄하게 대하는 대표적인 사례는 생물학자 최재천 교수가 어느 강연에서 말한 "소통하기 위해서 귀뚜라미 수컷처럼 밤새 열 시간 동안 날개를 비벼봤는가?"이다.

우리는 한두 번 소통을 시도해 보고 안되면 "저 사람하고는 말이 안 통한다"며 이내 불평하고 소통을 포기하려 든다. 앞으로는 이런 불평을 하기 전에 "과연 내가 소통하기 위해 얼마나 노력했을까?"를 자문하자.

일생 동안 민중불교를 전파하고 입적한 원효대사는 대사라는 신분으로는 평민과 천민들이 자신의 말을 받아들이려 하지 않자 스스로 파계하고 소성거사라 칭하며 소통을 시도했다. 이런 원효대사를 생각한다면 소통이 목적인가? 나의 자존심을 지키는 것이 목적인가? 생각해 볼 일이다.

『담론2015』의 저자인 신영복 선생은 그의 책에서 20년간 수감 생활을 하면서 겪은 에피소드를 통해 수많은 삶의 지혜를 전하는데 지기추상과 관련하여 다음과 같은 이야기를 한다.

당시 감옥에서는 건빵을 많이 가지고 있는 사람이 인기와 권력을 누렸고 건빵을 숨기고 혼자 먹는 사람은 왕따가 될 수도 있었다. 그러던 어느 날 새로운 수감자가 들어왔고 그는 많은 건빵을 가지고 있으면서도 아무도 주지 않고 밤에 몰래 먹곤 했다. 그런데 그 좁은 방에서 그 소리가 들리지 않을 수는 없다. 아침에 일어나면 사람들은 어젯밤 그 사람이 건빵을 몇 개 먹었는지 조차 다 알고 있었다. 하나를 깨물 때마다 들리는 '바스락'하는 소리를 다 세었던 것이다.

그러다 어느 날 그가 밤에 화장실을 가다가 다른 사람의 다리를 밟는 일이 발생했다. 평소 예사롭게 일어나는 일이기에 한 번 소리지르고 말 일이었지만 사람들은 모두 일어나 둘이서 한 판 붙을 자리를 터 주었다. 이 일로 건빵 사나이는 호되게 두드려 맞았다. 다음 날 아침 신영복 선생은 그에게 물었다.

"어젯밤에 깨달은 거 없냐? 앞으로 감옥 생활 어떻게 할래?"

"네, 앞으로는 화장실 갈 때 다리 밟지 않도록 조심하겠습니다."

그가 두들겨 맞은 이유는 무엇인가? 다리를 밟았기 때문인가? 건빵을 나눠주지 않았기 때문인가? 아직도 모르고 있는 것이다.

이 에피소드에서 우리가 생각할 일은 다른 사람들과 내가 소통이 되지 않는 이유 속에 나만 모르는 숨은 이유 즉, 건빵과 같은 이유가 있지는 않은가 자기반성을 해 보자는 것이다. 불통의 원인을 타인에게서, 외부에서 찾지 말고 내 안에서 찾는 것이 바로 지기추상의 자세이다.

반면 대인춘풍이란 타인을 대할 때는 봄 바람처럼 너그럽게 대하라는 뜻이다. 이 말의 대표적 사례로는 예수를 들 수 있다. 자신의 손에 로마 병사가 못을 박는 순간에도 "주여, 저들을 용서하소서. 저들은 지금 자신들이 무슨 일을 하고 있는지 알지 못하나이다"라고 말하며 그들을 용서했다.

자신에게 못을 박으라고 시킨 사람은 로마의 지배층이지 일개 병사가 아니기에 그들에게 죄를 묻지 않았던 것이다. 극한의 대인춘풍이다. 예수의 이 말을 떠올린다면 타인의 어떤 실수나 잘못도 용서할 수 있을 것만 같다.

가만히 생각해 보면 대인춘풍과 지기추상은 다른 말이 아님을 알 수 있다. 타인에게 너그러울 수 있다는 것은 곧 나에게는 엄격하기에 가능한 것이다. 홍세화가 말한 끊임없는 자기부정 역시 지기추상이다. '옳다' 혹은 '그르다'가 아닌 '다르다'는 대인춘풍이다. 대인춘풍 지기추상을 기억한다면 소통의 길은 멀리 있지 않다.

당신도 불통이다

summary

● 용어의 정의 ●

대인춘풍 지기추상待人春風 持己秋霜 : 남을 대할 때는 봄 바람처럼 너그럽게, 자기를 지킬 때는 가을 서리처럼 엄격하게 하라는 뜻이다.

● 생각해 볼 내용 ●

❶ 불통의 상황이 발생하면 지기추상의 자세로 원인을 나에게서 찾아보자.

❷ 상대가 내 말을 오해했을 때 내가 잘못 전달한 것은 아닌지, 숨어 있는 원인은 없는지 찾아보자.

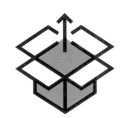

에필로그

영화 〈열두 명의 성난 사람들〉에서 소통을 가장 잘한 사람은 8번 배심원이고 가장 못한 사람은 3번 배심원이다. 그들의 소통 방식을 정리해 보면 다음과 같다.

8번 배심원

- 모든 현상을 의심한다.
- 절제된 감정으로 자기 의견을 말한다.
- 자신의 주장에 논리적 근거를 제시한다.
- 주장의 근거를 실험으로 증명한다.
- 자신의 의견만을 고집하지 않는다.
- 자신이 틀렸을 수도 있음을 인정한다.

당신도 불통이다

- 상대에게 말할 기회를 주고 경청한다.
- 다른 사람의 주장에 대해 근거를 요구한다.

3번 배심원
- 재판 과정에서 나온 검사의 말을 그대로 자신의 주장으로 삼는다.
- 고정관념을 가진 채 사람을 바라본다.
- 아들에 대한 애증의 감정을 타인에게 전가시킨다.
- 자신의 주장에 반하는 근거가 제시되면 외면한다.
- 처음부터 자신의 주장을 고정한 채 바꿀 생각을 하지 않는다.
- 행위자 - 관찰자 편향의 오류를 범한다.
- 다른 사람에게 말할 기회를 주지 않고 자신이 먼저 말하려고 한다.

　8번 배심원의 경우 의사소통 프로세스의 모든 과정을 잘 수행하고 있음을 알 수 있다. 말할 재료로 메시지를 객관적으로 만들고 잘 전달하며 청자의 말을 경청하고 그들을 공감하려 든다. 3번 배심원은 정확히 그 반대의 행동을 한다.

　이 결과로 8번 배심원은 무엇을 얻었을까?

　첫째, 소통의 목적을 달성했다. 소통의 목적은 내 의견을 관철시키는 것이 아니라 화자와 청자가 함께 원하는 것을 이루는 것이다. 배심원실은 만장일치로 합의된 결과를 이끌어 내는 것을 목적으로 한다. 배심원들은 불일치 배심이 아닌 '유죄 아님'이라는 결과를 이끌어냈을 뿐만 아니라 8번 배심원의 올바른 소통 방식 덕분에 다양한 의견을 제시하고 검증함으로써 타당성 있고 신뢰성 있는 결론에 이를 수 있었다.

둘째, 조직을 활성화했다. 임시 조직이기는 하지만 열두 명으로 구성된 배심원실도 엄연한 조직이다. 이들은 적극적으로 자신의 의견을 말하는 사람, 다른 사람의 말을 일방적으로 따르는 사람, 자기 의견을 말하기 꺼리는 사람, 의견을 말하되 자기주장만 하는 사람 등으로 다양하게 구성되어 있다. 이들을 하나의 목표로 이끌 수 있는 능력이 바로 리더십이다.

8번 배심원은 적극적 토론 참여자들과 함께 소통하는 것을 기본으로 하여 소극적 참여자에게는 발언권을 주고 반대 의견을 가진 사람들에게는 논리성을 요구하면서 조직을 활성화하고 다양성을 키워냈다. 이러한 노력이 결국은 배심원들이 만장일치의 결론에 도달할 수 있게 했던 것이다.

소통은 우리들의 영원한 숙제이다. 사람과 사람 사이에 관계가 있어야 인간이라는 단어가 정의될 수 있기 때문이다. 그런데 사람들은 저마다의 역사적 결론을 가진 채 소통에 임하므로 필연적으로 갈등이 따른다. 역사적 결론에 입각한 지각 방식은 쉽게 바뀌지 않는다. 소통을 위해 노력하지 않으면 안 되는 이유다. 인간은 늘 지각 오류를 범할 수 있음을 가정하자. 나에 대한 가정은 엄하게 상대에 대한 가정은 너그럽게 한다면 소통의 길에 한발짝 다가설 수 있을 것이다.

물론 이 과정에는 많은 난관이 존재한다. 그저 메시지를 전달하고 받는 일이라면 작은 노력으로도 할 수 있는 일이다. 그러나 나와 의견이 다른 사람과 소통에 임하는 것은 여간 곤혹스러운 일이 아니다.

우연한 모임에서 만난 사람과 소통해야 할 일이 있다면 대화에 임하다가 결론 없이 그대로 헤어져도 상관없을 것이다. 하지만 반드시 합의에 이르러야 하는 소통도 많이 있다. 가정에서 부부간의 대화에도 합의해야 할 일이 존재하며 회사의 회의실은 또 어떤가? 합리적인 대화로 내 의견을 관철시키기도 해야 하고 상대의 의견이 더 나은 것이라면 내 주장을 굽힐 줄도 알아야 한다. 받기만 하는 것이 아니라 주기도 할 때 관계關係가 성립되고, 관계가 성립될 때 비로소 인간으로 존재할 수 있기 때문이다.

이 책을 시작할 때 우리는 사람人임을 넘어 관계를 수반하는 인간人間이기에 소통을 필요로 한다고 말한 바 있다. 관계關係란 주고받는 형태로 매여 있는 사이라는 뜻이다. 부모가 자식에게 주는 것은 쉬운 일이다. 사랑하는 사람에게 주는 것은 즐거운 일이다. 하지만 사회 속에서 관계를 맺을 때는 싫은 사람에게도 주어야 할 경우가 있다. 그때 주는 것이야 말로 진정으로 너그러운 것이라 할 수 있다. 나를 내려놓아야 하는 희생과 양보가 따르는 일이기 때문이다.

춘풍추상春風秋霜의 너그러움보다도 더한 마음가짐이 필요할 수도 있다. 바로 노자가 『도덕경』에서 말한 다음과 같은 자세다.

성인무상심(聖人無常心)
선자오선지(善者吾善之)
불선자오역선지(不善者吾亦善之)

성인에겐 고정된 마음이 없다.
선한 사람에게도 선으로 대하고
선하지 않은 사람에게도 선으로 대한다.

여기서 고정된 마음이란 사물과 현상을 자기만의 고정된 신념으로 본다는 의미다. 하지만 성인에게는 고정된 마음이 없다. 자신이 정한 기준으로 세상을 보는 것이 아니라 세상이 흐르는 모양대로 본다. 따라서 선한 사람, 즉 착한 사람 또는 나와 뜻을 같이 하는 사람에게도 선하게 대하지만 악한 사람 또는 나와 뜻을 달리 하는 사람에게도 선하게 대해야 한다는 뜻이다. 그와 같은

당신도 불통이다

사람이 성인聖人이다.

소통을 통해 관계를 맺고, 관계를 통해 인간으로 바로 서기 위해서는 이와 같은 마음이 필요하다. 타인에게 봄 바람처럼 대하는 것도 쉽지 않은데 선하지 않은 사람에게 선으로 대하라니 아득하기만 하다. 하지만 반대로 생각해 보면 아득하기에 한 번 해 볼 만한 것이 아닐까?

소통은 어렵다. 안 되는 것은 이상한 일이 아니다. 그 어려운 것을 춘풍과 선한 사람이 되어 해내 본다면 어떤 느낌일까? 그때 비로소 인간으로서 성숙했다 말할 수 있을 것이다.

참고문헌

1장
- 『경계에 흐르다』, 최진석, 소나무, 2017
- 『곽재구의 포구기행』, 곽재구, 해냄출판사, 2018
- 『조직행동이론』, 이인석, 시그마프레스, 2015

2장
- 『내 인생의 첫 책 쓰기』, 오병곤, 홍승완, 포레스트북스, 2018
- 『조직행동이론』, 이인석, 시그마프레스, 2015
- 『담론』, 신영복, 돌베개, 2015

3장
- 『검색의 시대 사유의 회복』, 법인, 불광출판사, 2015
- 『커뮤니케이션 주치의 잇 팩터』, 마크 위스컵, 안진환 역, 다산라이프, 2008
- 『지금 여기 깨어있기』, 법륜, 정토출판, 2014
- 『성과향상을 위한 코칭 리더십』, 존 휘트모어, 김영순 역, 김영사, 2007

4장
- 『여덟 단어』, 박웅현, 북하우스, 2013

5장
- '경계에 선 사람들', 손홍규 칼럼, 경향신문, 2017. 09. 20
- 『설득의 심리학』, 로버트 치알디니, 황혜숙 역, 21세기북스, 2013
- 『감성의 리더십』, 다니엘 골먼, 리처드 보이애치스, 애니 맥키, 장석훈 역, 청림출판, 2003
- 『내 아이를 위한 감정코칭』, 최성애, 조벽, 존 가트맨, 한국경제신문사, 2011

6장
- 『생각의 좌표』, 홍세화, 한겨레 출판, 2009
- 『결정적 순간의 대화』, 케리 페터슨, 조셉 그레니, 론 맥밀런, 알 스위즐러, 김경섭, 김선준 역, 김영사, 2013
- 『행복수업』, 최성애, 해냄출판사, 2010
- 『경계에 흐르다』, 최진석, 소나무, 2017
- '이야기꽃', 손홍규 칼럼, 경향신문, 2018.09. 26
- 『선착순 채용으로 세계 최고 기업을 만들다』, 마츠우라 모토오, 이민영 역, 지식공간, 2010
- 『담론』, 신영복, 돌베개, 2015

참고문헌

색인